Für Teens

DAS SCHLACHTFELD DER GEDANKEN

Für Teens

DAS SCHLACHTFELD DER GEDANKEN

Gewinne die Schlacht in deinem Kopf

JOYCE MEYER
MINISTRIES

This edition published and arranged with
FaithWords Hachette Book Group, New York, U.S.A.
Originally published in English under the title
Battlefield of the Mind for Teens by Joyce Meyer

Joyce Meyer Ministries GmbH
Postfach 76 10 01
22060 Hamburg
www.joyce-meyer.de
Tel. +49 (0)40 / 88 88 4 11 11

ISBN 978-3-939627-15-9

Bestellungen bitte an die oben stehende Adresse richten.

3. Auflage, Juni 2019

Alle Bibelzitate wurden, wenn nicht anderweitig gekennzeichnet, folgender Bibelausgabe entnommen: *Neues Leben. Die Bibel* © 2002 und 2006 SCM R.Brockhaus im SCM-Verlag GmbH & Co. KG, Witten.

Sonstige verwendete Bibelausgaben:
Elberfelder Bibel © 1985/1991/2006 SCM R.Brockhaus im SCM-Verlag GmbH und Co. KG, Witten (mit Elberfelder gekennzeichnet).
Neue Genfer Übersetzung, Copyright © 2009 Genfer Bibelgesellschaft, CH–1204 Genf (mit NGÜ gekennzeichnet). Wiedergegeben mit freundlicher Genehmigung. Alle Rechte vorbehalten.
Bibelübersetzung von Hans Bruns, 14. Auflage © 2001 Brunnen Verlag, Gießen (mit Bruns gekennzeichnet).
Schlachter Bibel, Copyright © 2000 Genfer Bibelgesellschaft (mit Schlachter gekennzeichnet). Wiedergegeben mit freundlicher Genehmigung. Alle Rechte vorbehalten.
Einheitsübersetzung der Heiligen Schrift © 1980 Katholische Bibelanstalt, Stuttgart (mit Einheitsübersetzung gekennzeichnet).
Hoffnung für alle © 1986, 1996, 2002 International Bible Society; Übersetzung, Herausgeber und Verlag: Brunnen Verlag Basel und Gießen (mit Hfa gekennzeichnet).
New King James Version, Copyright © 1982 by Thomas Nelson, Inc. All rights reserved (mit New King James Version gekennzeichnet).
Lutherbibel, die Bibel nach der Übersetzung Martin Luther in der revidierten Fassung von 1984. Durchgesehene Ausgabe in neuer Rechtschreibung © 1984 Deutsche Bibelgesellschaft, Stuttgart (mit Luther gekennzeichnet).
Einige Bibelstellen enthalten Texte in Klammern. Hier handelt es sich um direkt übersetzte Passagen aus der im englischen Original verwendeten *Amplified Bible*. *The Amplified Bible*. Copyright © 1954, 1962, 1965, 1987 by The Lockman Foundation.
Hervorhebungen der Autorin sind innerhalb von Bibelzitaten durch Fettdruck gekennzeichnet.

Übersetzung: Esther Dymel-Sohl
Umschlag: Damaris und Julian Kaspereit
Satz: Satz & Medien Wieser, Stolberg
Druck und Verarbeitung: CPI books GmbH

Inhalt

TEIL 1

Es geht um deine Gedanken

Einleitung

Stell dir einmal Folgendes vor: Du siehst dir gerade deine Lieblingssendung im Fernsehen an und an der spannendsten Stelle wird das Programm durch eine Nachrichtensendung unterbrochen. Du hörst, wie die Sprecherin sagt: »Wir unterbrechen die Sendung für eine wichtige Meldung. Die gesamte Bevölkerung von Hamburg, Köln und München wurde von einer Geschlechtskrankheit heimgesucht! Wir halten Sie über die neuesten Entwicklungen auf dem Laufenden. Wir wünschen Ihnen einen schönen Abend, es sei denn, Sie leben in Hamburg, Köln oder München!«

Wie würdest du auf diese Nachricht reagieren? Wärst du geschockt? Skeptisch? Besorgt? Nun, ob du es glaubst oder nicht, das oben gemalte Szenario ist nicht völlig aus der Luft gegriffen. Jedes Jahr erkranken vier Millionen amerikanische Teenager an einer Geschlechtskrankheit. Das entspricht der Gesamtbevölkerung der oben genannten Städte. Du hast richtig gehört. Wir sprechen hier von Teenagern, so wie du einer bist.

Teenager haben auch noch mit anderen Problemen zu tun. Die Herausforderungen, mit denen du konfrontiert wirst, genau wie alle anderen Teenager, liegen nicht nur auf sexuellem Gebiet. 56 Prozent aller Schulabgänger trinken regelmäßig und 40 Prozent besaufen sich regelrecht bis zum Koma. Gerade am heutigen Tag sterben acht Teenager an einer Alkoholvergiftung. Und morgen wird wieder das Gleiche geschehen. Und übermorgen und überübermorgen. Die drei häufigsten Todesursachen unter Teenagern sind Autounfälle, Mord und Selbstmord. Bei allen drei Ursachen spielt Alkohol eine große Rolle.

Fragst du dich auch *warum,* wenn du diese erschütternden Tatsachen hörst? Ich habe mir dieselbe Frage gestellt. Zum Glück hat Gottes Wort hierauf die Antwort. Vielleicht bist du der Meinung, dass Gruppenzwänge, die Medien, eine unglückliche Kindheit oder schlechte Erziehung Schuld an allem sind.

Vielleicht hast du sogar teilweise recht. Doch die größten Kämpfe, die du durchmachen musst, um ein bedeutungsvolles, sicheres und befriedigendes Leben zu haben, werden nicht in der Pausenhalle deiner Schule ausgefochten, nicht auf Partys, im Internet-Chatroom oder vor dem Fernseher. Der schwierigste Kampf aller Kämpfe wird in deinen Gedanken ausgetragen. Ich will dir helfen, dass die »Guten« gewinnen.

In Sprüche 23,7 lesen wir: *Denn was jemand in seinem Herzen über sich denkt, so ist er auch* (Übersetzung der New King James Version). Mit anderen Worten: Deine Einstellung beeinflusst das, was du tust. Stell dir einmal vor, dein Körper wäre ein topmoderner Computer. Deine Gedanken sind die Festplatte. Von hier aus wird alles andere gesteuert. Wenn deine Festplatte beschädigt ist oder abstürzt, dann ist es egal, wie hammermäßig dein Monitor ist, wie laut deine Verstärker sind oder wie schnell deine Internetverbindung ist. Wenn deine Festplatte beeinträchtigt ist, dann ist dein Computer bestenfalls ein riesengroßer Briefbeschwerer, ein Denkmal an vergangene Zeiten und sein Geld nicht mehr wert.

Ich habe in den letzten dreißig Jahren vielen Menschen geholfen, das Wort Gottes besser zu verstehen, genau so, wie ich es jetzt für dich mache. Je länger ich ihm diene, desto mehr wird mir bewusst, wie wichtig Gedanken und Worte sind. Ich bin mir sicher, der Heilige Geist hat mich so geführt, dass ich mich auf das Schlachtfeld der Gedanken begeben musste und dir nun einen Lagebericht von vorderster Front geben kann.

Ich möchte, dass du die Schlacht in *deinem* Kopf gewinnst. Ich möchte, dass du haushoch gewinnst. Und ich möchte, dass du auch anderen zum Sieg verhelfen kannst.

Der erste Schritt zum Sieg ist dann gemacht, wenn du Sprüche 23,7 wirklich verstanden hast. Dieser Vers enthält das Versprechen, dass wir genau so sind, wie wir über uns denken. Eine andere Bibelübersetzung drückt das so aus: »So wie der Mensch in seinem Herzen denkt, so wird er werden.« Hier ist ein kleiner Unterschied zwischen den Übersetzungen. Hast du ihn erkannt? Richtig, der Kampf in deinen Gedanken bestimmt nicht nur, wer du jetzt bist, sondern auch, welche Person du in Zukunft sein wirst.

Dein Leben und deine Aktivitäten sind das Ergebnis deiner Gedanken. Wenn du ständig negativ denkst, wirst du ein negatives Leben haben. Doch wenn du deine Gedanken erneuerst und in den Bahnen denkst, die Gottes Plan entsprechen, dann wird du das beste Leben haben, das du dir nur vorstellen kannst. So einfach ist das.

Vielleicht ist dein Leben momentan sehr schwierig. Neunundneunzig Prozent aller Schüler sagen, dass sie zeitweise unter Stress stehen. Doch gib nicht auf. Verzweifle nicht und werde auch nicht zynisch. Du kannst dich Schritt für Schritt verändern. Allein schon die Tatsache, dass du diese Zeilen hier liest, zeigt, dass du wenigstens noch etwas Hoffnung hast.

Verliere nicht die Hoffnung. Strebe danach, deine Gedanken zum Guten zu verändern. Denn wenn du deine Gedanken zum Guten änderst, dann veränderst du auch dein Leben zum Guten. Wenn du anfängst, Gottes wunderbaren und erstaunlichen Plan, den er für dein Leben hat, zu erkennen, wirst du ihm folgen wollen.

Ich bete, dass dieses Buch dir hilft, den Kampf um deine Gedanken und damit den Kampf um dein Leben zu gewinnen.

KAPITEL 1

Dies sind deine Gedanken ... in einem Kampf

Denn wir kämpfen nicht gegen Menschen aus Fleisch und Blut, sondern gegen die bösen Mächte und Gewalten der unsichtbaren Welt, gegen jene Mächte der Finsternis, die diese Welt beherrschen, und gegen die bösen Geister in der Himmelswelt.

Die Bibel – Epheser 6,12

Fühlst du dich in letzter Zeit müde? Durcheinander? Deprimiert? Herumgestoßen? Kein Wunder! Du befindest dich in einem Krieg.

Doch dein Krieg ist kein herkömmlicher Krieg, in dem mit herkömmlichen Waffen gekämpft wird. Sieh dir einmal den Bibelvers, der am Anfang dieses Kapitels steht, genauer an. Wir kämpfen nicht gegen andere menschliche Wesen. Nicht gegen deine Erzfeinde in der Schule. Nicht gegen deine Lehrer. Nicht gegen deinen Exfreund oder deine Exfreundin. Noch nicht einmal gegen deine Eltern.

Dein Feind ist Satan selbst, ein ehemaliger Engel, der zum Teufel wurde, und seine dämonischen Mächte. (In der Amplified Bible, einer englischen Übersetzung, werden sie als »Meistergeister« bezeichnet.) Satan will dich mit einem meisterhaft ausgeklügelten Plan attackieren. Mit diesem Angriff rechnest du vielleicht noch nicht einmal. Vielleicht glaubst du sogar gar nicht, dass du dich in einem Kampf befindest. Diese Täuschung gehört übrigens mit zu den besten Tricks deines Feindes.

Satan ist ein Lügner. Jesus nannte ihn *den Vater der Lüge und von allem, was falsch ist* (Johannes 8,44 nach Amplified Bible). Mit seinen Täuschungsmanövern versucht er, unsere Gedanken zu kontrollieren. Welche von ihnen sind dir in welcher Form auch immer bekannt?

- Du brauchst nicht auf deine Eltern, deinen Pastor und deine Jugendleiter zu hören, noch auf irgendwelche andere Leute, die dir vorschreiben wollen, wie du zu leben hast. Schau sie dir doch mal an, diese unfähigen Heuchler. Schau dir einmal alle ihre Fehler an. Sie widersprechen sich ständig. Dies ist *dein* Leben. Leb es so, wie du es willst.
- Alkohol, Drogen und Sex werden dir nicht wirklich schaden. Diese ganzen Horrorgeschichten werden dir bestimmt nicht passieren. Damit wollen sie dir nur Angst machen. Erwachsene wollen einfach nicht, dass du Spaß hast, obwohl sie selbst viel Spaß hatten, als sie in deinem Alter waren. Sie wollen dich kontrollieren.
- Glaubst du wirklich an den »Teufel«? An ein gehörntes, rotes Teufelchen mit einem Dreizack? Du, wo du doch sonst nicht auf den Kopf gefallen bist? Werde mal wieder realistisch! Der Teufel ist eine Märchenfigur. Es gibt keinen Teufel und es gibt keine Hölle. Ach, und übrigens, es gibt auch keinen Gott und auch keinen Himmel. Nur das »Hier und Jetzt« zählt. Nimm dir, was du kriegen kannst.

- Komm, gib es zu: Du zweifelst ständig an Gott. Wenn es Gott wirklich gibt, warum lässt er es dann zu, dass diese ganzen Zweifel ständig in deinem Kopf herumgeistern?
- Wenn es wirklich einen Gott gibt, der sich um dich kümmert, würdest du dich dann so oft einsam fühlen? Wärst du dann so häufig vom Leben überfordert und so kraftlos, Dinge zu ändern?

Hattest du schon einmal den Eindruck, dass jemand dein Gehirn mit Fragen und Sorgen nur so bombardiert? So arbeitet Satan. Er pflanzt alle möglichen nagenden Gedanken, Verdächtigungen und Zweifel in deine Gedanken. Das tut er langsam, Schritt für Schritt, und verfolgt dabei seinen gut durchdachten Plan für dich. Du musst wissen, dass Satan eine maßgeschneiderte Kampfstrategie gegen dich vorbereitet hat, wenn es darum geht, dein Leben zu zerstören. Er hat dich über eine lange Zeit genau studiert. Und er wird dich dort angreifen, wo du schwach bist, wo du neugierig oder unbeständig bist.

Er kennt zum Beispiel die Bereiche, in denen du unsicher bist. Wenn du dir nicht sicher bist, ob du äußerlich attraktiv genug bist, wird er mit Sicherheit jemanden in dein Leben bringen, der dir sagt, wie begehrenswert du bist, jemanden, durch den du dich attraktiv fühlst. Dann wird diese Person, die du in dein Leben eingeladen hast, unbedingt mit dir schlafen wollen. Du weißt, dass du das nicht zulassen solltest, doch du willst auch nicht jemanden verlieren, durch den du dich so gut fühlst.

An diesem Punkt kann Satan sich zurücklehnen. Er schaut zu, wie du dich drehst und wendest. Er hat seine geheime Waffe stationiert. Er hat die Zeit – und deine verrückt spielenden Hormone – auf seiner Seite. Er weiß, dass du immer, wenn du den Fernseher anmachst, den Laptop aufklappst oder eine Zeitschrift durchblätterst, auf sexuelle Inhalte stoßen wirst (im Internet gibt es zum Beispiel mehr als 4 Millionen pornografische Seiten). Er wird so viel Zeit wie notwendig aufbringen, um dich zu Fall zu bringen. Der Teufel kann in vielen Bereichen nicht viel, doch was er kann, ist warten. Glücklicherweise gehst du nicht unbewaffnet in diesen Kampf. Die Bibel, Gottes heiliges Wort, versichert dir:

> *Wir setzen die mächtigen Waffen Gottes und keine weltlichen Waffen ein, um menschliche Gedankengebäude zu zerstören. Mit diesen Waffen zerschlagen wir all die hochtrabenden Argumente, die die Menschen davon abhalten, Gott zu erkennen. Mit diesen Waffen bezwingen wir ihre widerstrebenden Gedanken und lehren sie, Christus zu gehorchen.*
>
> Die Bibel – 2. Korinther 10,4-5

Jetzt fragst du dich vielleicht: »Was sollen das für Gedankengebäude sein, die ich zerstören soll?« Sieh es einmal so: Satan möchte mit dir wie mit einem Computerspiel spielen und dabei immer ein Level weiterkommen. Nehmen wir noch einmal das Beispiel der sexuellen Versuchung. Satan versucht bei dir nicht, über Nacht aus einer reinen Person ein sexsüchtiges Wesen zu machen.

Nein, er wird viel mehr alles daransetzen, dass du dir die Fernsehprogramme ansiehst, die zwar sexuell eindeutig sind, aber nicht viel zeigen und von allen geschaut werden. Oder deine Internet Chats werden immer mal wieder eindeutig zweideutig.

Als Nächstes bist du dabei, Webseiten aufzuschlagen, von denen du weißt, du solltest sie besser nicht aufschlagen, und im nächsten Level fängst du an, anregende Filme zu sehen. Ganz schnell landest du dann auf den wirklich teuren Seiten, die dich sexuell so richtig aufheizen.

Und so läuft das. Genau das Gleiche passiert mit Drogen, Alkohol, Betrug und Lügen. Bei wie vielen deiner Freunde hast du schon zugehört, wie sie ihre Eltern am Handy angelogen haben, als es darum ging, wo sie waren, mit wem sie unterwegs waren oder was sie vorhatten? Am Anfang waren diese Lügen auch harmlos: »Sicher, Mama, ich habe heute Morgen gefrühstückt«, oder »Ehrlich, Papa, wir haben an diesem Wochenende keine Hausaufgaben auf.« Aber aus diesen »Level-1«-Lügen werden bald »Level-2«-Lügen und so weiter.

Erkennst du Satans hinterhältige Kampfstrategie? Macht sie dir wenigstens ein bisschen Angst? Gut. Jeder gute Soldat muss sich der Gefahr bewusst sein, wenn er sich in den Kampf begibt. Nur ein Dummkopf geht in den Krieg ohne darüber nachzudenken, was auf dem Spiel steht.

Fakten und Tatsachen im Dutzend: 12 Wege, wie Teenager heutzutage den Kampf um ihre Gedanken – und um ihr Leben – verlieren:

1. Fast die Hälfte aller Schüler der 9. bis 12. Klassen haben schon Sex gehabt, einschließlich 61 Prozent der Abiturienten. (Teenager, die sich viel Sex im Fernsehen anschauen, stehen doppelt so hoch in Gefahr, sexuell aktiv zu sein wie diejenigen, die vorsichtiger mit ihrer Programmauswahl umgehen.)[1, 2]
2. Fast die Hälfte aller jungen Leute unter 21, die Alkohol trinken, gehören zu den Koma-Säufern (Besäufnisse, bei denen man fünf oder mehr Drinks zu sich nimmt). Mehr als 500.000 Jugendliche werden unter Alkoholeinfluss jährlich verletzt. Von diesen sterben rund 1.500 Jugendliche an den direkten Folgen des Alkoholmissbrauchs, wie zum Beispiel an einer Alkoholvergiftung.[3]
3. 73 Prozent der Jugendlichen sagen, dass sie mindestens ein Mal im Monat eine diskriminierende Handlung beobachten, doch nur 22 Prozent von ihnen tun etwas dagegen.[4]
4. Wenn es um das Thema Sex geht, ist die Wahrnehmung der Eltern realitätsfern. Während die Hälfte der Teenager sexuell aktiv ist, glauben 84 Prozent der Eltern, dass ihre Kinder *nicht* sexuell aktiv sind. Dagegen sagen 87 Prozent der Teenager, dass es ihnen leichter fiele, erst später sexuell aktiv zu werden, wenn sie das Thema offener und ehrlicher mit ihren Eltern besprechen könnten.[5]
5. Jedes sechste Mädchen, das seine Jungfräulichkeit verliert, ist betrunken. (Jedes siebte sagt, dass auch der Partner betrunken war.)[6]
6. Wenn es um Geschlechtskrankheiten und Schwangerschaften unter Teenagern geht, stehen die USA im weltweiten Vergleich mit den anderen Industrieländern auf Platz Nummer 1. Die Anzahl der Teenager-Schwanger-

schaften ist sogar doppelt so hoch wie in anderen Industrienationen.[7]

7. Bei den Todesursachen der amerikanischen Jugendlichen zwischen 15 und 24 liegt Selbstmord an dritter Stelle.[8]
8. Mehr als vier Millionen Teenager stecken sich jährlich mit einer Geschlechtskrankheit an.[9]
9. Fast jeder vierte Achtklässler hat schon einmal geschnüffelt, indem er Haushaltschemikalien wie Verdünnungsmittel oder Klebstoffe einatmete, um high zu werden.[10]
10. Jährlich werden in den USA mehr als 800.000 Mädchen unter 20 schwanger.[11]
11. Das Durchschnittsalter für den Drogeneinstieg liegt bei 13 Jahren.[12]
12. Von den sexuell aktiven Abiturienten haben mehr als 21 Prozent schon mindestens vier Mal den Sexualpartner gewechselt.[13]

Okay, was haben wir bisher gelernt?

1. Du befindest dich in einem Krieg.
2. Satan ist dein Feind.
3. Deine eigenen Gedanken sind das Schlachtfeld.
4. Der Teufel wird fleißig daran arbeiten, Festungen in deinen Gedanken aufzubauen, um so das Territorium Stück für Stück einzunehmen, genauso wie man Level für Level in einem Computerspiel spielt.
5. Mithilfe von Täuschungen und Lügen arbeitet der Teufel strategisch und wohldurchdacht, um zu siegen. Eine seiner besten Lügen ist die, dass er nicht existiert.
6. Dein Feind hat es nicht eilig. Er hat Zeit. Er muss nicht jetzt gewinnen. Er will nur am Ende Sieger sein.

Lass uns zum nächsten Kapitel weitergehen und uns einen anderen teuflischen Plan mit all seinen schrecklichen Konsequenzen genauer ansehen.

KAPITEL 2

John, Maria und die Patchworkfamilie, die einfach nicht zusammenpasst

Jede Familie hat so ihre Probleme. Doch Maria, ein Mädchen im Teenageralter und ihr Stiefvater glauben, dass kein Fernsehprogramm mit ihrem dramatischen und traumatischen Leben mithalten kann. Hier sind ihre beiden Sichtweisen derselben traurigen Geschichte.

Maria hat ein Problem: »Mein Stiefvater ruiniert mein Leben!«

Marias Mutter ließ sich von Marias Vater scheiden und heiratete zwei Jahre später einen Mann, der John hieß. Die siebzehnjährige Maria befindet sich fast ständig auf Kriegsfuß mit ihrem neuen Vater. Sie ärgert sich über ihn, weil er mit seiner Gegenwart alle Hoffnung begraben hat, Marias Mama könnte wieder mit ihrem »echten Papa« zusammenkommen.

Sie ist immer so wütend, dass sie sich in der Schule nicht mehr konzentrieren kann. Ihr Magen spielt verrückt, sobald sie versucht, etwas zu essen. Ihre Lösung des Problems lautet: Iss erst dann etwas, wenn du kurz vor einer Ohnmacht stehst.

Maria will nicht, dass John ihr Leben regelt. Sie ist wütend, wenn er ihr verbietet, wegzugehen, wenn er ihre Computerzeiten einschränkt, wenn sie nicht ständig telefonieren darf und er sie streng bestraft. Er versucht sogar, ihr zu sagen, wofür sie ihr Geld ausgeben soll, dass sie sich selbst mit Hausarbeiten verdient hat. Sie will nur eines von ihm: »Hau ab!«, und das schreit sie ihm so ungefähr 5,8-mal am Tag entgegen.

Hier denken vielleicht einige von euch: »Mann, Maria sollte ihr Leben wirklich Jesus geben!«

Das Problem ist nur, dass sie das schon mit zwölf Jahren getan hat. Ihr war diese Entscheidung wirklich ernst. Sie ist davon überzeugt, dass sie in den Himmel kommt und sie fühlt sich schuldig und traurig, weil sie sich so über ihren Stiefvater ärgert. Sie hat zwar Hoffnung für ihr Leben, doch diese Hoffnung scheint so weit weg zu sein. »Bevor ich Jesus kennengelernt habe, war ich hoffnungslos und unglücklich. Jetzt bin ich nur noch unglücklich«, erzählt sie einer Freundin in ihrer Jugendgruppe.

Maria weiß, dass ihre Einstellung falsch ist. Sie will sich verändern. Stundenlang hat sie sich bereits mit ihrem Jugendpastor darüber unterhalten und hat sogar schon den Vertrauenslehrer an ihrer Schule aufgesucht. Jeden Abend betet sie für diese schwierige Lage. Sie ist verwirrt, weil sich an ihrer Situation noch nichts verbessert hat. »Warum wird nichts besser«, schluchzt sie eines Abends, als sie alleine in ihrem Zimmer ist. »Ich habe keine Lust mehr, immer nur unglücklich zu sein.«

Die Lösung zu Marias Problem ist in Römer 12,2 zu finden:

Deshalb orientiert euch nicht am Verhalten und an den Gewohnheiten dieser Welt, sondern lasst euch von Gott durch Veränderung eurer Denkweise in neue Menschen verwandeln. Dann werdet ihr wissen, was Gott von euch will: Es ist das, was gut ist und ihn freut und seinem Willen vollkommen entspricht.

Seht ihr, Marias Gedanken sind übersät mit Festungen. Einige von ihnen gibt es schon, seitdem sie das erste Mal das Wort *Scheidung* überhaupt zu Hause gehört hat. Sie weiß, sie sollte den bitteren, wütenden Gedanken über ihren Stiefvater keinen Unterschlupf gewähren, doch es erscheint ihr unmöglich, sie aus ihrem Kopf zu kriegen.

Maria kann ihre Wutanfälle nicht kontrollieren, auch nicht ihre offensichtliche Abneigung gegen »Hausregeln« oder ihre hasserfüllten Worte, weil sie die Gedanken, die dahinter stehen, genauso wenig kontrollieren kann. Sie kann diese Festungen, die der Teufel in ihre Gedanken gebaut hat, nicht loswerden.

Satan hat die Lügengebäude sehr erfolgreich aufgebaut. Durch die ganze Scheidungsphase hindurch wurde Maria immer wütender auf die Situation. Doch sie wollte ihre Wut nicht an ihren Eltern auslassen, denn sie verehrte beide Elternteile gleichermaßen. Sie wollte nicht glauben, dass zwei Menschen, die sie so sehr respektierte, für diese Situation, die sie innerlich fast zerriss, verantwortlich waren.

Und genau da setzte Satan mit seinen Lügen an: »Du, Maria, bist der wahre Grund für die Scheidung. Sie streiten sich deinetwegen. Sie müssen für dich eine Menge Geld ausgeben. Sie machen sich über deine Zensuren Sorgen. Sie sind deinetwegen gestresst und deshalb streiten sie sich.«

Auch andere Lügen machten sich breit: »Ich wette, dass deine Eltern sich nicht mehr lieben. Deine Mutter wünscht sich, sie hätte jemand anderes geheiratet. Und dein Vater denkt das Gleiche. Bestimmt hatten sie auch schon einige Affären.«

Daher beschloss Maria einige Dinge in ihren Gedanken:

1. »Wenn ich mit meinem Verhalten bereits eine Ehe zerbrochen habe, kann ich es noch ein weiteres Mal tun. Wenn ich John unglücklich mache, verlässt er uns vielleicht und meine wirklichen Eltern haben wieder eine Chance, zusammenzukommen.
2. Ich wette, John war bereits schon hinter meiner Mama her, als sie noch mit Papa verheiratet war. Er ist schleimig. Er hätte uns einfach nur in Ruhe lassen sollen. Jetzt werde ich ihn dafür bezahlen lassen! Soll er sich ruhig wünschen, er hätte uns nie getroffen!«

Stell dir einmal vor, wie diese Lügen sich Monat für Monat in Marias Kopf im Kreise drehen. Lügen, die Marias Wut über John nur noch verstärken und durch die sie sich darauf fixiert, eine Ehe auseinanderzubringen. Ist es ein Wunder, dass sie nicht mehr die süße, liebevolle Tochter ist, die sie einmal war? Wie kann Maria sich aus dieser Zwickmühle befreien? Was würdest du an ihrer Stelle machen?

Lass die Waffen fallen

Wenn ihr an meinen Worten festhaltet und das tut,
was ich euch gesagt habe, dann gehört ihr wirklich zu mir.
Ihr werdet die Wahrheit erkennen,
und die Wahrheit wird euch befreien!

Die Bibel – Johannes 8,31-32

In diesem Vers sagt Jesus uns, wie wir auf Satans Kopf treten und seinem festen Griff entkommen können, wenn er uns angreift: Wir müssen die Wahrheit in unsere Gedanken und Herzen aufsaugen und unsere Gedanken mit der Weisheit und Kraft des Wortes Gottes erneuern. Gottes Wort, die Bibel, ist unser

Werkzeuglager und enthält alle Geräte, die wir brauchen, um den wichtigen Kampf um unsere Gedanken zu gewinnen.

Ein Vorteil unserer Zeit, in der wir leben, ist, dass wir Gottes Wort auf alle mögliche Art und Weise entdecken können. Wir haben Websites, christliche Musik, Jugendgruppen, Jugendkonferenzen, Gastsprecher, christliche Radio- und Fernsehstationen, Lehr-CDs und -DVDs und auch Bücher. Diese Hilfsmittel ermöglichen es uns, an Gottes Wort »festzuhalten«; das bedeutet, es aufzusaugen und es in unserem Leben anzuwenden.

Brauchst du noch ein paar andere Werkzeuge? Versuch es mit Lobpreis und Gebet. Immer wenn du Gott preist, ist das für den Teufel wie ein Schlag ins Gesicht. Er kann es nicht aushalten. Es klingt für ihn so, als wenn Freddy Krüger mit seinen Metallkrallen eine Schultafel entlangkratzt. Es lässt ihn erschaudern, er hält sich die Ohren zu, rollt sich wie ein Embryo zusammen und hofft, dass es bald vorbei ist. Doch dieser Lobpreis muss echt sein. Er muss aus dem Herzen kommen. Es reicht nicht, wenn du einfach nur die Bewegungen imitierst, die Hände hebst und so tust, als wärst du jemand anderes. Und wenn du deinen Mund nur gedankenlos zu einem Lobpreislied bewegst, reicht das auch nicht.

Genau so ist es mit dem Gebet. Es muss ehrlich sein. Manche Leute rattern das Vaterunser genauso schnell hinunter, wie sie eine Werbung von McDonald's aufsagen können. Gott möchte keinen Werbeslogan hören. Er will Worte hören, die aus der Tiefe deines Herzens kommen. Er möchte, dass du sie ehrlich meinst. Und er möchte, dass deine Gebete durch deine enge Beziehung zu ihm inspiriert sind.

Wenn du betest, geh zu Gott wie zu deinem liebenden Papa. Für ihn bist du der Größte. Er ist voller Gnade und er möchte dir helfen. Denk einmal darüber nach: Manche Menschen helfen dir aus der Patsche, damit du ihnen auch eines Tages hilfst. Gott ist nicht so. Er will dir wirklich helfen. Er freut sich über jede Gelegenheit, dir zu helfen.

Lerne als Nächstes Jesus kennen. Wenn du eine von diesen Bibeln hast, in denen Jesu Aussagen in Rot gekennzeichnet sind, gehe sie einmal durch und lies jedes einzelne Wort, das Jesus gesagt hat. Du wirst herausfinden, dass Jesus dein wahrer und weiser Freund ist. Er liebt dich so sehr, dass er sogar für dich starb.

Und zu guter Letzt, lerne Gottes Heiligen Geist, der in dir lebt, kennen. (Wenn du dir nicht sicher bist, ob der Geist Gottes wirklich Teil deines Inneren ist, dann frag doch einfach mal nach. Das könntest du gerade jetzt machen.)

Gottes Geist hilft dir beim Beten, wenn du nicht die richtigen Worte findest oder dir die Worte sogar fehlen. Er kann deine tiefsten Gefühle verstehen. Gefühle, die du nicht in Worte fassen oder überhaupt beschreiben kannst. Und die lässt er dann Gott den Vater wissen. Der Geist Gottes in dir ist wie ein persönlicher Gebetsübersetzer.

Wenn du gerne einige Anregungen oder Anweisungen für das Gebet hättest, dann schau in der Bibel nach. Sie ist voll davon. In den Psalmen zum Beispiel lesen wir die unterschiedlichsten Gebete. Manche sind ein Lobpreis aus tiefstem Herzen, manche sind verzweifelte Hilferufe und andere wiederum ernste Sündenbekenntnisse.

Maria muss diese Werkzeuge gebrauchen. Wenn sie im Gebet zu Gott kommt, wird sie mit dieser Abrissbirne alle Festungen in ihren Gedanken zerstören. Die Wahrheit des Wortes Gottes und die Realität seiner Kraft wird sie frei machen.

Sie wird die Wahrheit sehen: Dass nämlich ihr Stiefvater sein Bestes tut, um ein guter Vater für sie und ein guter Ehemann für ihre Mutter zu sein. Dass das Leben als Patchworkfamilie nicht leicht ist und dass jeder mit dem anderen gnädig, verständnisvoll und geduldig umgehen sollte. Und dass Wutanfälle und Ungehorsam mit Sicherheit keine positiven Veränderungen mit sich bringen.

John hat ein Problem: »Meine Stieftochter gibt mir keine Chance!«

Nun schauen wir uns einmal die andere Hauptfigur dieses Familiendramas an. Nur weil John erwachsen ist, heißt das noch lange nicht, dass er nicht Teil des Problems ist.

John weiß, dass er die Führungsposition in der Familie einnehmen sollte, doch Maria macht ihn fertig. Er hat keine Lust mehr auf die lautstarken Streitigkeiten, die knallenden Türen und die eiskalten Blicke. Er ist müde geworden, Grenzen aufzustellen, die Maria sowieso übertreten wird. In letzter Zeit kommt er nur noch von der Arbeit nach Hause, setzt sich vor den Fernseher und versinkt beim Sportprogramm in eine andere Welt.

John versteckt sich vor der Verantwortung, denn im Grunde seines Herzens hasst er Konfrontationen. Besonders dann, wenn sie ihm sinnlos erscheinen. Er sagt sich selbst: »Wenn ich mich nur aus Marias Leben eine Zeit lang heraushalte, werden sich unsere Probleme von selbst lösen. Irgendwann wird sie mich dann akzeptieren. Natürlich werde ich dafür beten, doch was könnte ich darüber hinaus schon tun?«

Hast du das mitgekriegt? John benutzt tatsächlich das Gebet als *faule Ausrede*, denn so muss er selbst nichts unternehmen oder ändern. Natürlich ist das Gebet eine kraftvolle Waffe gegen Satan, aber nicht, wenn wir uns unserer Verantwortung entziehen wollen und es uns nur als Ausrede dient. Wenn du das Gebet so missbrauchst, dann wird Satan deine eigene Waffe gegen dich selbst richten!

An dieser Stelle der John/Maria-Saga sollte ich einmal klarstellen, was ich damit meine, wenn ich sage, dass John seine gottgewollte Position in der Familie einnehmen sollte. Ich meine nicht, dass er wie ein Macho alle herumkommandieren soll. Nein, die Bibel lehrt uns, dass ein Mann seine Familie lieben soll, genau so, wie Christus die Menschen, seine Gemeinde, liebt. Christus war ein wirkungsvoller Leiter, aber auch ein demütiger Diener. Er stellt die Bedürfnisse anderer vor seine eigene Wohlfühlansprüche.

Genau wie Christus muss John liebevoll, aber auch beständig die Verantwortung für seine Familie übernehmen, einschließlich für Maria. Er sollte ihr versichern, dass sie trotz der durchlittenen Scheidung sich in Gottes liebende Arme werfen und darauf vertrauen kann, dass ihr Stiefvater sein Bestes tut, um für sie ein liebevoller und verantwortungsbewusster Vater zu sein. Auch sollte John klarstellen, dass er nichts mit der Scheidung zu tun hatte, dass er erst später ins Spiel kam und nun versucht, der beste Mann und Vater zu sein, der er sein kann.

Johns Aufgabe ist nicht leicht. Genau wie Maria hat auch er bereits Territorium seiner Gedanken an den Feind abgegeben. Als Kind wurde John verbal misshandelt. Seine dominante Mutter hatte eine scharfe Zunge und sagte manchmal Dinge wie: »John, du bist so ein Versager! Wie willst du bloß jemals einen guten Beruf ergreifen und ein guter Ehemann und Vater werden? Du bist faul und wirst es nie zu irgendetwas in deinem Leben bringen!«

John versuchte alles, seiner Mutter zu gefallen, denn er sehnte sich nach ihrer Anerkennung. Doch je mehr er es versuchte, umso mehr Fehler machte er. Er war tollpatschig und deshalb nannte seine Mutter ihn oft einen Trottel. Und wie du dir vielleicht vorstellen kannst, ließ er nur noch mehr Dinge fallen und stolperte häufig über etwas, weil er besonders in ihrer Gegenwart immer sehr nervös war.

Seine Ungeschicklichkeit und sein geringes Selbstwertgefühl machten es ihm schwer, Freunde zu finden. Auf der weiterführenden Schule gab es ein Mädchen, das er wirklich toll fand. Sie trafen sich ein paar Mal, doch dann ließ sie ihn wie eine heiße Kartoffel fallen und ging mit einem anderen, der nur so vor Selbstbewusstsein und Fähigkeiten strotzte.

Jede Ablehnung, jedes scharfe Wort, jede Enttäuschung wurde ein Baustein der teuflischen Festung in Johns Gedanken.

Bald verließen ihn die Zuversicht und der Mut. Er wurde scheu, still und verschlossen. Er versuchte, mit dem Leben zurechtzukommen, indem er so unauffällig wie möglich wurde. Er sagte sich: »Warum sollte ich anderen sagen, was ich denke oder was ich möchte, denn die hören mir sowieso nicht zu. Wenn du von den anderen akzeptiert werden willst, machst du besser bei dem mit, was sie wollen.«

Natürlich versuchte er, fest zu stehen und seiner Verantwortung nachzukommen, als er für Maria die Vaterrolle übernahm. Doch Maria hasste ihn dafür. Sie griff ihn verbal an, genau wie seine Mutter. Er hatte Angst, Maria auch noch zu »verlieren«, wie einst seine Freunde und seine Jugendliebe, und deshalb gab er schließlich auf. »Wenn ich Maria wenigstens das gebe, was sie möchte,« überlegte er, »wird sie damit aufhören, mich anzuschreien. Außerdem werde ich in dieser Situation sowieso nicht gewinnen. Darum will ich die Lage auch nicht verschlimmern.«

Kannst du dir vorstellen, wie es bei John und Maria wohl zu Hause aussieht? Mit all dem Zank und Streit? Nun, die Wortgefechte wurden zwar eingestellt, doch unterschwellig brodelt der Kampf weiterhin. Häufig erzeugen Spannungen in der Familie eine aggressive Grundstimmung im Haus. Jeder weiß, dass sie da sind, aber keiner will sich damit auseinandersetzen oder gar ihre Existenz überhaupt anerkennen.

Die Atmosphäre zu Hause ist verpestet und der Teufel freut sich.

Was glaubst du, wie wird es mit Maria, ihrer Mutter und ihrem Stiefvater weitergehen? Mit diesen drei Christen, die eigentlich nur das Beste wollen und doch in ihrem Krisengebiet umzingelt sind. Werden sie es schaffen? Es wäre traurig, wenn noch eine Ehe zerbricht und wieder eine Familie zerstört wird.

Sie können es schaffen. Doch das liegt einzig und alleine in ihrer Hand als Familie und nicht in der Hand eines Familienberaters oder ihres Pastors. Sie müssen sich Johannes 8,31-32 zu Herzen nehmen: *Jesus sagte zu den Menschen, die nun an ihn glaubten: »Wenn ihr euch nach meinen Worten richtet, seid ihr wirklich meine Jünger. Ihr werdet die Wahrheit erkennen, und die Wahrheit wird euch frei machen.«*

Sie müssen Gottes Wort anhaltend studieren, um seine Wahrheit zu erkennen. Dann müssen sie nach dieser Wahrheit handeln, um von ihren zerstörerischen Denkmustern frei zu werden. Sie müssen sich alle mit ihrer Vergangenheit auseinandersetzen und sich bewusst werden, warum sie so fühlen und handeln, wie sie fühlen und handeln.

Es ist schmerzhaft, der Vergangenheit ins Gesicht zu schauen und sich mit den eigenen Fehlern auseinanderzusetzen. Normalerweise rechtfertigen die Menschen lieber ihr Fehlverhalten und ihre negativen Einstellungen. Sie erlauben es ihrer Vergangenheit – wie sie erzogen worden sind etc. – ihr ganzes Leben zu verpesten. Das ist nicht gut und den anderen Menschen gegenüber auch nicht fair. Ich wurde, wie manche von euch vielleicht auch, als junger Mensch misshandelt. Ich wurde emotional, verbal und sexuell missbraucht. Ich verstehe wirklich, dass die Vergangenheit viele Erklärungen dafür hat, *warum* wir leiden. Doch dürfen wir die Vergangenheit nicht als *Entschuldigung* dafür missbrauchen, weiterhin eine negative, unfreie und miese Einstellung zum Leben zu haben.

Jesus ist bereit, seine biblische Verheißung wahr zu machen und dich zu befreien. Er wird dich in jedem Bereich deines Lebens in die Freiheit führen. Du musst nur bereit sein, ihm zu folgen. Ich bin ein lebender Beweis für diese Wahrheit.

Der Kampf kann gewonnen werden

Vergesst nicht, dass die Prüfungen, die ihr erlebt, die gleichen sind, vor denen alle Menschen stehen. Doch Gott ist treu. Er wird die Prüfung nicht so stark werden lassen, dass ihr nicht mehr widerstehen könnt. Wenn ihr auf die Probe gestellt wer-

det, wird er euch eine Möglichkeit zeigen, trotzdem standzuhalten.

Die Bibel – 1. Korinther 10,13

Ich hoffe, dass die Geschichte von John und Maria dir klarmacht, wie Satan unsere Lebensumstände benutzt, um Festungen in unseren Gedanken zu bauen, damit er sie Stück für Stück, Level für Level einnehmen kann.

Gott sei Dank haben wir Waffen, mit denen wir jede einzelne dieser Festungen zerstören können. Gott wird uns nicht im Kampfgefecht aufgeben. Denke immer an 1. Korinther 10,13. Gott wird es nicht zulassen, dass du überwältigt wirst. Du wirst jede Versuchung ertragen können, die Satan dir in den Weg stellt. Gott wird dir immer einen Ausgang zeigen, einen Fluchtweg.

Ganz gleich in welchem Kampf du gerade stehst oder was auf dich in nächster Zeit zukommt: Gott ist auf deiner Seite. Und das bedeutet, dass du nicht verlieren kannst.

KAPITEL 3

Was denkst du über dich selbst?

Denn was jemand
in seinem Herzen über sich denkt,
so ist er auch.
Die Bibel – Sprüche 23,7

Denke einmal über die Worte in diesem Vers nach. Dieser Vers gehört zu den wichtigsten Versen der ganzen Bibel! Deshalb taucht er auch immer wieder in diesem Buch auf. Deine Gedanken haben Macht. Sie sind nicht nur Vorstellungen und Einstellungen, die in deinem Kopf herumspuken. Sie bestimmen, wer du bist und wer du einmal sein wirst. Solltest du es dir angesichts dieser Tatsache nicht zur wichtigsten Aufgabe machen, die richtigen Gedanken zu denken?

In diesem Kapitel möchte ich dir klarmachen, wie wichtig und absolut notwendig es für dein Gedankenleben ist, mit Gottes Wort übereinzustimmen. Denn eines ist sicher: Du kannst kein positives Leben mit negativen Gedanken leben.

Römer 8,5 warnt uns: *Wer sich von seiner eigenen Natur bestimmen lässt, dessen Leben ist auf das ausgerichtet, was die eigene Natur will; wer sich vom Geist Gottes bestimmen lässt, ist auf das ausgerichtet, was der Geist will* (NGÜ).

Lass es mich einmal so ausdrücken. Wenn deine gedankliche Straßenkarte voller negativer, gieriger, lüsterner und stolzer Gedanken ist, wirst du dem Straßenverlauf Gottes, den er für dein Leben geplant hat, nicht folgen können. Du wirst in Schluchten abstürzen, in Sackgassen hineinfahren und Umleitungen folgen müssen, die dich geradewegs ins Unglück leiten.

Kennst du Menschen, die ständig in Chaos und Katastrophen leben? Passen ein paar deiner Freunde in diese Kategorie? Vielleicht ist es ein Bruder oder eine Schwester. Andere Leute versuchen ihnen zu helfen. Vielleicht versuchen sie auch sich selbst zu helfen, aber sie machen einfach keine anhaltenden Fortschritte. Wenn dem so ist, dann wahrscheinlich deshalb, weil ihre Anstrengungen zwar wohlgemeint sind, aber letztendlich doch keine Auswirkungen haben. Wenn z. B. jemand von Speed abhängig ist, meinen die Menschen um ihn herum vielleicht, dass sich seine Situation verbessern wird, wenn er keinen Zugang mehr zu den Drogen hat. Das mag vielleicht sogar eine Zeit lang helfen, doch Abhängige sind ideenreich und finden andere Wege. Wenn sie Drogen haben wollen, werden sie sich wahrscheinlich auch welche beschaffen.

Die einzige Möglichkeit, so jemandem zu helfen, ist die, seine Gedanken zu erneuern. Dann wird auch sein ganzes Leben folgen. Du musst zu den Wurzeln des Problems kommen. Setze dich nicht nur mit den sichtbaren Ergebnissen auseinander.

Hier eine kurze Zusammenfassung eines Interviews, welches du weiter hinten in diesem Kapitel ganz lesen kannst. In diesem Interview begegnen wir Terrence, einem jungen Mann, der drogenabhängig war. Er erzählt davon, wie er diese Festung in seinem Leben zerstörte, aber macht dabei klar, dass er nicht nur einfach damit aufhörte, Drogen zu nehmen. Nein, er sagt sogar: »Ich wurde eine neue Person. Ich wurde zu einer Person, die einfach keine Drogen nehmen würde.«

Er veränderte sein ganzes Denken, seine gesamte Einstellung zum Leben und zu Drogen. Deshalb ist er heute frei von Drogen, während so viele andere in einem schrecklichen, immer wiederkehrenden Kreislauf von Entzug und Rückfall gefangen sind.

Der Herr legte mir folgende Wahrheit vor Jahren aufs Herz, als ich darum kämpfte, eine persönliche Beziehung zu ihm durch Gebet und Bibelstudium wirklich zu leben. Ich konnte mich nur schwer disziplinieren, diese Dinge zu tun – bis Gott mir zeigte, wie wichtig sie doch für mein Leben waren. Er zeigte mir, dass es für mein geistliches Leben genauso wichtig ist, regelmäßig gute Zeiten mit meinem liebenden Schöpfer zu verbringen, wie es für meinen Körper wichtig ist, gut ernährt zu werden, ausreichend Bewegung zu haben und medizinisch versorgt zu sein.

Ich begann die Parallelen zwischen meiner körperlichen und meiner geistlichen Gesundheit zu verstehen und so half mir Gott, der Beziehung zu ihm die höchste Wichtigkeit einzuräumen. Ich habe nun eine ganz andere Einstellung dazu, wenn es darum geht, das geistliche Leben zu pflegen und geistlich zu wachsen. Wenn mein Magen knurrt, dann würde ich immer etwas essen. Denn ich weiß, dass Essen nicht nur zur »Routine« meines Tagesablaufes gehört, sondern für mich *lebensnotwendig* ist. Mein geistliches Ich zu ernähren ist auch lebenswichtig. Es ist sogar noch *wichtiger* als die körperliche Nahrungsaufnahme. Wie es schon einmal so treffend ausgedrückt wurde: »Wir sind keine menschlichen Geschöpfe, die geistliche Erlebnisse haben, sondern wir sind geistliche Geschöpfe, die menschliche Erlebnisse haben.«

Der Drogenkrieg, ein Interview von vorderster Front

Lies einmal dieses Interview mit Terrence, einem ehemaligen Drogenabhängigen. Achte auf die Denkweise, durch die er drogenabhängig wurde und welche Denkweise ihm half, einen Weg herauszufinden.

Wie wurdest du überhaupt drogenabhängig?
Es war so, als würde ich in ein tiefes Loch fallen. Es geschah so schnell, dass ich noch nicht einmal bemerkte, wie ich fiel. Eben noch war ich auf einer Party, hörte mit ein paar neuen Freunden Musik und im nächsten Augenblick war ich total verzweifelt, alles in mir lechzte danach, wieder high zu sein und ich tat Dinge, die ich mir selbst nie zugetraut hätte. Ich machte einfach alles dafür, selbst das Widerwärtigste. Innerhalb weniger Wochen hasste ich die Drogen. Ich hasste es, high zu werden, doch ich musste einfach.

Wie war es, drogenabhängig zu sein?
Es war wie eine Falle und ich fühlte mich schrecklich, weil ich willentlich hineinging. Ich war nicht dumm und kannte die Gefahr. Und trotzdem habe ich mich dafür entschieden. Ich dachte: *Die anderen können halt damit nicht umgehen, aber ich bin klug. Ich bin stark und kann damit aufhören. Ich werde vorsichtig sein. Ich werde nicht die Kontrolle verlieren.* Doch sobald ich mit den Drogen anfing, wusste ich, dass sie mich hatten.

Dann hast du die Kontrolle verloren?
Von dem Moment an, als ich mich entschlossen hatte, die Grenze zu überschreiten und Drogen zu nehmen, hatte ich eigentlich gar keine Kontrolle mehr. Man will ja nicht panisch werden und deshalb sagt man sich: *Es ist cool! Wirklich gut. Ich bin genau wie die anderen auch.* Doch in Wahrheit weißt du bereits zehn Sekunden später, dass dies der Tod ist. Und das sind genau neun Sekunden zu spät.

Wie hast du mit den Drogen aufgehört?
Ich habe nicht einfach nur so aufgehört. Ich wurde eine neue Person. Eigentlich werde ich jeden Tag neu zu dieser Person. Ich muss mich einfach immer von den Drogen weg bewegen oder sie werden mich wieder einholen. Gott hat mir sehr geholfen, meine Persönlichkeit zu verändern. Vor meiner Drogenabhängigkeit sagte ich zwar, ich sei Christ, lebte jedoch nicht so. Ich war keine neue Schöpfung. Ich würde gerne jedem von euch sagen, wenn du abhängig bist oder eine schlechte Gewohnheit hast, dann tu mehr, als nur damit aufzuhören. Verändere dein ganzes Wesen. Werde jemand anderes, jemand, der niemals diese zerstörerischen Dinge tun würde, die du tust. Wenn deine Freunde Drogen nehmen, such dir andere. Ich habe das gemacht. Ich habe meinen Job gewechselt, meinen Wohnort, meine Gewohnheiten, mein Denken, die Art mich zu kleiden und zu reden. Ich änderte alles, was mich in alte Verhaltensweisen führen wollte.

Was würdest du den Lesern sagen, die darüber nachdenken, Drogen vielleicht »nur einmal« auszuprobieren?
Ich hatte ja auch gedacht, ein Mal ist kein Mal. Doch aufgrund dieses einen Mals verschwendete ich Tausende von Dollar, musste ins Krankenhaus, sprang dem Tod gerade noch von der Schippe und bereute es jahrelang. Ein Mal ist kein Mal? Dazu kann ich nur sagen: Aua!

Trägst du reife Früchte?

Im Matthäusevangelium erklärt Jesus uns, dass ein Baum an seinen Früchten erkannt wird. Wenn ein Baum krank ist, wird er auch schlechte Früchte tragen. Ein junger, unreifer Baum oder auch ein Baum, der nicht gut mit Nährstoffen versorgt wird, wird gar keine Früchte tragen.

Das gleiche Prinzip gilt auch in unserem Leben. Gedanken

tragen auch Früchte. Denke gute Gedanken und die Frucht in deinem Leben wird auch gut sein. Denke schlechte Gedanken und die Frucht wird schlecht sein.

Schau dir einmal das Verhalten von Menschen und ihre Einstellung zum Leben an und du wirst sehen, welche Denkweise dahintersteht. Eine liebe und nette Person hat keine gemeinen oder rachsüchtigen Gedanken. Genauso wird eine wirklich bösartige Person nicht jeden Morgen mit reinen, liebevollen Gedanken aufwachen. Lerne Sprüche 23,7 auswendig. Nimm dabei eine oder mehrere Bibelübersetzungen. Meine Lieblingsübersetzung ist die der New American Standard Bible, in der wir lesen: *Denn so, wie er in sich selbst denkt, so ist er auch.* Ganz gleich welche Version dir gefällt, halte an der Kernaussage dieses Verses fest und lass dich von ihr leiten. Genau das, was du in deinem Herzen denkst, wirst du auch sein. Mit anderen Worten, sieh es dir an und dann sei so.

KAPITEL 4

Ausdauer = Erfolg

Lasst uns aber im Gutes tun nicht müde werden!
Denn zur bestimmten Zeit werden wir ernten,
wenn wir nicht ermatten.

Die Bibel – Galater 6,9

Vielleicht stinkt dir dein Leben momentan total. Vielleicht bist du einsam, hast Schulprobleme oder fühlst dich von deinen Eltern und Freunden abgelehnt. Vielleicht wurdest auch du wie ich missbraucht, und das von einer Person (wie mein Vater), der du vertraut hast. Und jetzt weißt du nicht, wie du mit deinen Schuldgefühlen umgehen sollst, mit den Gefühlen des Betrogenwordenseins und der Wertlosigkeit. Ich bin hier, um dir das eine zu sagen: Gib nicht auf!

Ganz gleich wie heftig dein Leben auch außer Kontrolle geraten oder wie durcheinander alles ist, du kannst dir das zurückerobern, was der Teufel dir gestohlen hat. Vielleicht geht das nur Zentimeter um Zentimeter, doch wenn du dich bei jedem

Schritt auf Gottes Gnade und seine Kraft verlässt, kann dein Leben schöner sein, als du es dir je erträumt hast.

Genau davon spricht der Apostel Paulus in dem am Kapitelanfang genannten Vers. Mach weiter! Hör nicht auf! Gib nicht auf! Paulus hatte das Recht, das zu sagen, denn er war mehrmals in einer Gefängniszelle eingekerkert worden. Er hatte bereits brutale Züchtigungen überlebt, Schiffbruch erlitten oder auch den Biss einer Giftschlange überstanden. Darüber hinaus wurde er von einer körperlichen Schwäche so gequält, dass er Gott dreimal bat, ihn davon zu erlösen. Wir haben es hier also nicht mit einem überbehüteten Schwächling zu tun, der dich auffordert, auszuhalten. Nein, er ist eine echte Kämpfernatur.

Das Einzige, was Paulus durch diese Schwierigkeiten hindurchhalf – und was auch dir hindurchhelfen wird – war sein Vertrauen auf Gottes Stärke. In Jesaja verspricht Gott uns: *Wenn du durchs Wasser gehst, ich bin bei dir, und durch Ströme, sie werden dich nicht überfluten* (Jesaja 43,2; Elberfelder).

Was immer du auch durchmachst, Gott wird mit dir sein. Er liebt dich, hört dir zu, ermutigt dich und gibt dir die geistliche Kraft, durchzuhalten.

Du hast die Wahl

Hast du schon einmal den Ausdruck »Was würde ich dafür geben, deine Gedanken zu kennen« gehört? Nun, wenn dir das jemand noch mal anbietet, nimm ihn doch einfach beim Wort. Du könntest ziemlich schnell reich werden. In den nächsten 24 Stunden produziert dein Gehirn mehr als 50.000 Gedanken, viele von ihnen gleichzeitig. Wenn er dir also auch nur einen Cent pro Gedanken anbietet, dann könntest du 500 Dollar am Tag verdienen!

Das Problem ist nur, dass viele von diesen Gedanken nicht einen Cent wert sind. Wenn wir nicht aufpassen, können unsere Gedanken durch schädliche Bilder im Internet oder Fernsehen inspiriert werden, durch schlechte Ratschläge oder auch durch blödsinniges Gerede der Stars. Du wirst mit so viel schlechter Information bombardiert, 7 Tage die Woche, 24 Stunden am Tag, dass du dich gar nicht anstrengen brauchst, etwas Falsches zu denken. Alles läuft wie von selbst, genauso wie die Standardeinstellung am Computer. Niemand sagt zu sich selbst: »Hmmm, mir ist so langweilig. Ich glaube, ich werde mir mal ein paar schlechte Gedanken ausdenken und mir mit ihnen ein wenig die Zeit vertreiben.« Satan hat so viele Möglichkeiten, dass die schlechten Gedanken dich selbst dann besuchen, wenn du einfach nur passiv dasitzt und gar nichts tust. Du musst den schlechten Dingen nicht hinterherlaufen, sie werden zu dir kommen.

Gute und richtige Gedanken hingegen fordern deinen Einsatz. Du musst *den Entschluss fassen,* in Gottes Wegen zu denken, und dann musst du dich jeden Tag und jede Nacht für die richtigen Gedanken entscheiden. Erinnerst du dich noch an das Interview mit Terrence, dem ehemaligen Drogenabhängigen? Er sagte, dass er jeden Tag daran arbeitete, ein neuer Mensch zu werden.

Sieh es einmal so: Wenn du rein körperlich eine schlechte Figur bekommen möchtest, brauchst du eigentlich *gar nichts tun.* Wenn du einfach nur herumsitzt und ungesundes Essen in dich hineinstopfst, wirst du bald ein echter Fettkloß werden.

Wenn du dagegen gesund und stark sein willst, musst du auf dich achten. Du musst dir Gedanken darüber machen, was du essen darfst und was nicht. Du musst dich bei jeder Mahlzeit wieder neu entscheiden, auch bei jeder Zwischenmahlzeit. Du darfst dir keine falschen Essgewohnheiten erlauben. Und du musst dich disziplinieren, Sport zu treiben – mach das zu einer Gewohnheit. Du musst auch dann etwas machen, wenn du dich nicht danach fühlst.

Deine Gedanken verdienen die gleiche Aufmerksamkeit. Eigentlich verdienen sie sogar noch mehr Aufmerksamkeit. Das Leben stellt dich vor viele Entscheidungen. Gott möchte, dass du die richtigen Entscheidungen triffst und das beginnt in deinen Gedanken. Deine Gedanken werden zu Worten. Deine Worte werden zu Taten. Deine Gedanken werden dein Leben. Entscheide dich deshalb für Gedanken, die Leben bejahen und hervorbringen. Wenn du das machst, werden ihnen positive Worte und positive Taten folgen. Lebe dein Leben und erwarte das Beste, nicht das Schlechteste. Und vergiss nicht: Du bist nicht alleine. Sag dir immer wieder selbst: »Ich werde nicht aufgeben, denn Gott ist auf meiner Seite. Er liebt mich und er wird mir immer helfen.« Denke daran, was er uns in seinem Wort verspricht: *Denn die Augen des Herrn merken auf die Gerechten und seine Ohren auf ihr Gebet* (1. Petrus 3,12; Bruns).

Gib nicht auf – die Erneuerung der Gedanken braucht länger als einen Tag

Auch wenn du durchhalten willst, dich für gute Gedanken entscheidest und das Richtige tun möchtest, wirst du doch so manches Mal enttäuscht sein. Das ist nichts Ungewöhnliches. Vergiss nicht, du versuchst, Gedanken umzuprogrammieren, die von allen möglichen weltlichen »Viren« und »Würmern« beschädigt worden sind.

Du wirst dich von so manchem trennen müssen. Du musst geduldig sein. Und wenn die Dinge dann repariert sind, musst du einige neue Befehle lernen und einige Vorsichtsmaßnahmen treffen. Doch sei mutig: Du hast Gott. Er ist der absolute Computerspezialist und er ist auf deiner Seite. Er kann deine gedankliche Festplatte neu programmieren, die Viren entfernen und eine Firewall installieren, die dich in Zukunft bewahrt. Manchmal geht dieser Prozess nicht so schnell, doch eines verspreche ich dir: Er ist es wert.

KAPITEL 5

Die Kraft des Positiven

Das Leben ist nicht leicht, aber es ist einfach. Positive Gedanken formen ein positives Leben. Negative Gedanken haben ein negatives Leben zur Folge. Und positive Gedanken sind voller Glauben und Hoffnung, während negative Gedanken voller Furcht und Zweifel sind.

Hast du Angst davor, etwas zu hoffen? Hast du Angst davor, dir vorzustellen, welche coolen Sachen in deinem Leben passieren könnten, weil du es nicht aushalten könntest, wenn sich diese Hoffnungen in Luft auflösen würden? Viele Menschen fühlen das Gleiche wie du. Sie sind schon so oft enttäuscht worden, dass sie sich immer mehr verschließen, um nicht noch einmal mehr verletzt zu werden. Sie leben ihr Leben in einer ständigen Abwehrhaltung. Sie sind darauf fixiert, sich ständig zu schützen.

Es ist verständlich, dass Menschen den Schmerz vermeiden wollen, den Enttäuschungen mit sich bringen. Wir wollen uns aber noch einmal den Schlüsselvers aus Sprüche 23,7 ansehen:

Denn was jemand in seinem Herzen über sich denkt, so ist er auch (Übersetzung der New King James Version).

Ich möchte dir etwas gestehen. Vor Jahren war ich eine extrem negative Person. Wenn du mich schon einmal im Fernsehen gesehen hast oder mich gehört hast, kannst du das vielleicht kaum glauben, und trotzdem ist es wahr. Früher habe ich mal gesagt: »Wenn ich zwei positive Gedanken hintereinander dachte, bekam ich Gehirnkrämpfe!« Denn meine Lebensphilosophie war folgende: »Wenn du nichts Gutes erwartest, bist du auch nicht enttäuscht, wenn es nicht geschieht.«

Wie du dir vorstellen kannst, waren die Leute alles andere als gerne mit mir zusammen.

Ich habe in diesen Bahnen gedacht, weil ich bereits so viele Enttäuschungen in meinem Leben durchlitten hatte; enttäuscht darüber, missbraucht worden zu sein und nicht studieren zu können. Diese Enttäuschungen bestimmten meine ganze Lebensanschauung. Meine Gedanken waren negativ, meine Worte waren negativ. Mein ganzes Leben war negativ.

Ich versuchte mich aus diesem Treibsand der Negativität herauszuziehen, indem ich ernsthaft anfing, Gottes Wort zu studieren. Ich bat Gott, mich neu zu machen, meine Seele wiederherzustellen. Während all dieser Anstrengungen erkannte ich, dass meine negative Grundeinstellung verschwinden musste.

Ich konzentrierte mich auf Verse wie Matthäus 8,13, in dem Jesus uns sagt, dass das, was wir denken und glauben, *uns geschehen werde* … Das machte Sinn. Ich glaubte nur Negatives und deshalb war es kein Wunder, dass mir ständig nur negative Sachen passierten.

Es ist mir wichtig, darauf hinzuweisen, dass Jesus nicht meint, dass du alles, woran du nur denkst, auch bekommen kannst. Gott ist dein Herr und nicht dein persönlicher Flaschengeist. Doch hat er einen perfekten Plan für dich. Und dieser Plan beinhaltet für dich bestimmt nicht, deprimiert und entmutigt durch dein Leben zu gehen. Jesus verkündete: *Ich bin gekommen, damit sie Leben haben und es in Überfluss haben* (Johannes 10,10; Elberfelder).

Wenn du keinen blassen Schimmer davon hast, was Gott an diesem Punkt deines Lebens mit dir vorhat, so ist das völlig in Ordnung. Sprich mit ihm darüber im Gebet. Sag: »Gott, ich kenne den Plan nicht, den du für mein Leben hast. Aber ich weiß, dass du mich liebst und was auch immer du mit meinem Leben vorhast, es wird gut werden. Bitte leite mich in dieses Leben des Überflusses, das du für mich hast.«

Dann fang an, in jeder Lebenssituation positiv zu sein. Das wird nicht leicht sein, denn nicht alles, was auf dich zukommt, ist positiv. Nicht alles wird gut sein. Doch du kannst von Gott erwarten, aus allen Umständen etwas Gutes zu machen. Er kann sogar aus traurigen Umständen Freude erzeugen.

Nun, ich weiß, dass sich die ganze »Wenn das Leben dir Zitronen schenkt, mach Limonade daraus«-Philosophie in der Theorie gut anhört. Doch wie sieht das in der Praxis aus? Kann Gott wirklich aus allem etwas machen, das uns zum Besten dient, wie er in Römer 8,28 verspricht?

Die Antwort ist »Ja!« Nehmen wir einmal ein Beispiel aus der brutalen Welt des Boxens. Gene Tunney war ein großartiger Schwergewichtsboxer, der in beiden Händen die Kraft hatte, den Gegner k. o. zu schlagen. Doch leider machten die vielen Schläge auf die harten Köpfe der Gegner aus Tunneys Fäusten Kleinholz. Er brach sich so viele Knochen in den Händen, dass seine Karriere am Ende schien. Viele Boxer hätten an Tunneys Stelle aufgegeben.

Doch Tunney gab nicht auf. Er blieb zuversichtlich. Er programmierte seine ganze Einstellung zu diesem Sport neu. Er veränderte seinen Stil und aus dem wild draufschlagenden Streithammel wurde ein technisch hochbrillanter Taktiker mit strategischen Stärken. Er konzentrierte sich auf eine gut platzierte Führhand und nicht mehr auf wilde Schwinger. Tunneys neuer Boxstil leistete ihm selbst gute Dienste. Er gewann schließlich sogar den Weltmeisterschaftskampf gegen den gefürchtetsten Schwergewichtler seiner Zeit, Jack Dempsey, genannt »der Manassa Mauler«.

Tunney nahm Dempsey auseinander. Zweimal. Dempsey selbst war ein Schläger und frustriert über Tunneys wohldurchdachten Boxstil. Wenn Tunney versucht hätte, Dempsey mit seinem früheren Boxstil zu besiegen, wäre er selbst zu Boden gegangen. Dann hätte er nicht Auge in Auge seinem Kontrahenten Dempsey entgegentreten und K.-o.-Schläge austeilen können. Eine scheinbare Tragödie wurde für Tunney die Chance, seinen Traum zu verwirklichen.

Vielleicht kennst du die Geschichte von Lance Armstrong besser, der eine lebensbedrohliche Krebserkrankung besiegte und zum größten Radsportler seiner Zeit wurde. Er wird mit den folgenden Worten zitiert: »Krebs war das Beste, was mir je passieren konnte.« Er sagte, dass er nur deshalb mehrmals die Tour de France gewinnen konnte, weil er im Kampf gegen Krebs Ausdauer und Beharrlichkeit gelernt hatte.

Du kannst genau wie Tunney und Armstrong mit den Dingen zurechtkommen, die das Leben dir entgegenschleudert. Du musst nicht am Boden zerstört sein, wenn sich die Dinge anders entwickeln, als du sie dir vorgestellt hast. Vertraue Gott darin, etwas Gutes aus deinen Lebensumständen zu machen. Es könnte durchaus sein, dass dein Leben am Ende besser wird, als du es dir erhofft hast!

Ein letzter Gedanke noch zu diesem Thema. Wenn du dazu neigst, die Dinge negativ zu sehen, dann mach dich deswegen nicht auch noch fertig. Verurteile dich nicht. Denn wenn du dich selbst verurteilst, so ist das bereits schon etwas Negatives. Es gibt nichts Schlimmeres, als sich wegen seiner negativen Gedanken zusätzlich noch schlecht zu fühlen. Erkenne dein Problem und fang an, Gott zu vertrauen, dass er dich erneuern und dir den Weg aus dem dunklen Tunnel zeigen wird.

Ein neuer Tag!

Das bedeutet aber, wer mit Christus lebt, wird ein neuer Mensch. Er ist nicht mehr derselbe, denn sein altes Leben ist vorbei. Ein neues Leben hat begonnen!

Die Bibel – 2. Korinther 5,17

Auch wenn du in der Vergangenheit eine negative Person warst, so musst du doch keine negative Person bleiben. Wenn du an Christus glaubst, dann bist du eine neue Person, eine neue Schöpfung. Du brauchst dich nicht von dem alten Zeug, das dir in deiner Vergangenheit passiert ist, immer wieder herunterziehen zu lassen. Du kannst ein völlig neues Leben haben. Deine Gedanken können durch die Kraft und Weisheit Gottes erneuert werden. Hab Mut! Gutes wird dir widerfahren.

Es ist nicht leicht, doch um aus dem Gefängnis der negativen Gedanken herauszukommen, müssen wir uns mit folgender Wahrheit auseinandersetzen: »Ich bin ein negativer Mensch, aber ich möchte mich ändern. Mir fehlt die Kraft, mich selbst zu ändern, doch ich glaube, Gott wird mich verändern, wenn ich ihm vertraue. Das wird dauern, aber ich werde versuchen, Geduld mit mir selbst zu haben. Gott hat sein gutes Werk in mir angefangen und er wird es auch vollenden« (siehe Philipper 1,6).

Gottes Heiliger Geist, der in dir lebt, ist derjenige, der die Dinge in deinem Leben wieder zusammensetzen wird. Wenn du bereit bist, zuzuhören und auf deinen geistlichen Zustand zu achten, wird er dich immer wieder warnen, sobald du in der Gefahr stehst, wieder in negativen Gedanken zu versinken. Ein wenig so, wie die Tankanzeige im Auto immer dann leuchtet, wenn nicht mehr genug Kraftstoff im Tank ist. Beachte die Warnung. Bitte Gott um Hilfe. Denk nicht, du könntest damit schon alleine zurechtkommen. Lass ihn deinen Tank wieder auffüllen.

Wenn du Gott erlaubst, deine negative Einstellung zum Positiven zu verändern, wird etwas sehr Interessantes in deinem Leben geschehen: Du wirst merken, wenn andere Menschen negativ denken, und du wirst es nicht mögen. Du wirst dich fragen: »War auch ich wirklich so negativ?« Es ist wie mit dem Rauchen. Ich habe jahrelang geraucht, bevor ich endlich aufhörte. Doch sobald ich damit aufgehört hatte, konnte ich nicht mal mehr den Hauch einer Zigarette ertragen.

Genauso geht es mir in Bezug auf meine negative Grundeinstellung. Ich war eine sehr pessimistische Person. Selbst wenn ich in ein wunderschönes Haus kam, das makellos eingerichtet und dekoriert war, bemerkte ich doch das kleine Tapetenstück, das sich von der Wand löste, oder den kleinen Fleck auf dem Fenster. Mittlerweile kann ich Negativität nicht mehr ausstehen. Ich finde sie fast widerwärtig.

Es ist mir wichtig, darauf hinzuweisen, dass eine positive Grundeinstellung nichts damit zu tun hat, unrealistisch zu sein und immer nur mit einem dicken Grinsen auf dem Gesicht herumzulaufen. Wenn du Grippe hast, sag nicht »Ich bin nicht krank« oder »Es ist wirklich toll, hohes Fieber zu haben und den ganzen Tag über dem Klo zu hängen!«

Schau der Wahrheit ins Gesicht, doch bleib positiv dabei. Sag so etwas wie: »Ich glaube, dass Gott mich bald heilen wird. Dieser Bazillus wird mich bald loslassen müssen.« Ist das nicht besser als: »Wer weiß, wie lange ich mich noch damit herumschleppen muss. Wahrscheinlich wird es sogar noch schlimmer werden und am Ende muss ich sogar ins Krankenhaus«?

Mit anderen Worten, strebe nach einem ausgeglichenen Leben. Sei offen und bereit und betrachte das Leben ganz nüchtern, damit du dich mit allem auseinandersetzen kannst, was dir begegnen wird.

Hast du schon einmal erlebt, wie schmerzvoll es ist, wenn man sich von jemandem trennt, den man liebt? Gerade neulich musste sich eine mir bekannte junge Frau mit dem Schmerz einer aufgelösten Verlobung auseinandersetzen. Nachdem sie und ihr Verlobter die Verlobung aufgelöst hatten, beteten beide um Klarheit, ob der Herr wollte, dass sie sich weiter verabredeten, obwohl eine Heirat erst mal nicht infrage kam.

Die Frau wollte die Beziehung weiterführen und hoffte und glaubte inständig, dass ihr Exverlobter auch so empfinden würde. Ich gab ihr den Rat: »Sei auf alles gefasst, falls sich die Dinge nicht so entwickeln, wie du sie dir wünschst.«

Sie entgegnete mir: »Habe ich dann nicht eine negative Einstellung?«

Nein, hat sie nicht. Denn dann hätte sie gedacht: »Meine Verlobung ist zerbrochen, mein Leben ist vorbei. Niemand wird mich je wieder haben wollen. Ich bin es nicht wert, geliebt zu werden und ich habe versagt, richtig zu lieben. Wahrscheinlich werde ich als alte Jungfer enden, die alleine mit ihren dreißig Katzen haust!«

Doch mit einer positiven und gefassten Einstellung würde man in folgenden Bahnen denken: »Ich bin wirklich sehr traurig über die zerbrochene Verlobung, doch ich vertraue Gott und er wird mir weiterhelfen. Ich hoffe, mein Freund und ich können uns weiterhin verabreden. Ich werde darum beten und glauben, dass unsere Beziehung wieder geheilt wird. Doch mehr als alles andere soll Gottes vollkommener Wille in meinem Leben geschehen. Wenn sich die Dinge anders entwickeln, als ich sie mir vorstelle, werde ich es trotzdem überleben, weil Jesus in mir lebt. Es wird dann bestimmt eine Zeit lang sehr schwer sein, sich mit dieser Situation auseinanderzusetzen, doch ich vertraue dem Herrn. Ich glaube, dass am Ende alle Dinge zum Besten dienen müssen.«

Genau so schaust du den Tatsachen ins Auge und bleibst trotzdem positiv und ausgeglichen.

Die Kraft der Hoffnung

Mein Mann Dave und ich glauben, dass die Arbeit von Joyce Meyer Ministries mit all ihren Dienstzweigen jedes Jahr wachsen wird. Wir möchten immer mehr Menschen helfen. Und doch ist uns auch klar, dass wenn Gott einen anderen Plan hat, er diesen zu unserem Besten gebrauchen wird.

Anders gesagt, wir hoffen viel, doch wichtiger als all die Dinge, *die wir hoffen,* ist derjenige, *auf den wir hoffen.* Wir wissen nicht, ob unser Dienst weiterhin wachsen oder auf einem Level stehen bleiben oder vielleicht sogar abnehmen wird. Doch eines wissen wir: Was auch immer kommt, Gott wird alle Dinge zum Besten dienen lassen.

Einige von euch sagen vielleicht: »Joyce, wenn du nur meine Situation kennen würdest, würdest nicht mal du von mir erwarten, auch noch positiv zu sein«.

Wenn du so denkst, dann möchte ich dir einmal folgende Geschichte erzählen. Im Alten Testament versprach Gott einem Mann namens Abraham, er würde einmal »Vater vieler Nationen« sein. Seine Nachkommen würden so zahlreich sein, dass man sie nicht zählen könnte.

Da gab es nur ein Problem. Abraham war so um die 100 Jahre alt, und seine Frau Sara war auch schon uralt und schon lange über das Alter hinaus, in dem man Kinder bekommen kann. Die Bibel formuliert es noch krasser und bezeichnet ihren Leib als »erstorben«.

Abraham schätzte seine Situation richtig ein. Er war ein alter Mann mit einer alten Frau und Vitaminpillen und Potenzmittel waren noch nicht erfunden worden. Es gab keine künstliche Befruchtung zur Zeit Abrahams. Es gab noch überhaupt keine Reagenzgläser, Punkt! Nach menschlichem Ermessen war die Situation unabänderlich und unmöglich, doch die Bibel sagt, dass der alte Abraham nicht an Gottes Verheißung zweifelte. Er hoffte einfach und glaubte. Er legte die Situation in Gottes Hand und war sich dennoch bewusst, dass er menschlich gesehen keinen Grund hatte, optimistisch zu sein. Deshalb legte er alles in Gottes wunderwirkende Hände.

Was kannst du davon lernen? Auch wenn Dinge unmöglich erscheinen, so bleibt doch noch die Möglichkeit, dass Gott genau dort hineinkommt und etwas Erstaunliches tut. Du musst nicht ständig Wunder erwarten. Aber du darfst sie erwarten, wenn er es dir so gesagt hat. Wunder geschehen dann, wenn wir wirklich glauben.

Jesaja 30,18 gehört zu meinen Lieblingsbibelstellen: *Und darum wird der HERR darauf warten, euch gnädig zu sein, und darum wird er sich erheben, sich über euch zu erbarmen* (Elberfelder).

Meditiere über diese Worte und sie werden dir große Hoffnung geben. Gott sucht jemanden, dem er gnädig sein kann. Er möchte seine Güte zeigen. Doch jemand mit einer negativen Einstellung und dunklen Gedanken wird seine Segnungen nicht erfahren.

KAPITEL 6

Lass deine Gedanken nicht von Satan gefangen nehmen

Ich muss wieder einmal ein Geständnis ablegen: An einem gewissen Punkt meines Christseins hatte ich damit zu kämpfen, bestimmte Dinge zu glauben. Ich fragte mich, ob das, wie ich mein Leben lebte und was ich in meinem Dienst tat, wirklich Gottes Willen für mich entsprach. Ich realisierte, dass ich den Blick für die Vision verlor, die Gott mir für Joyce Meyer Ministries gegeben hatte. Deshalb fühlte ich mich schlecht. Zweifel und fehlender Glaube erzeugen immer Elend.

Dann kam mir zwei Tage hintereinander ein Ausdruck in den Sinn: *gedankenbindende Geister*. Als mir der Ausdruck *gedankenbindende Geister* das erste Mal durch den Kopf ging, habe ich nicht weiter darüber nachgedacht. Doch der Ausdruck kam immer wieder.

Ich dachte an all die Tricks und Strategien, mit denen Satan die Gläubigen verwirrt, benebelt und ihre Gedanken verunreinigt. Deshalb begann ich zu beten, dass diese gedankenbindenden Geister in meinem eigenen Leben, aber auch im gesamten Leib Christi besiegt werden. Nach nur wenigen Minuten intensiven Gebets fühlte ich eine große Erleichterung, als ob meine Gedanken von einem Großangriff befreit worden wären. Es war ein einschneidendes Gefühl und ich war dankbar für diese Befreiung, die Gott mich regelrecht spüren ließ.

Jetzt fragst du vielleicht: »Was, in aller Welt, sind ›gedankenbindende Geister‹? Klingt als wäre es direkt einem Fantasyroman entsprungen.«

Nun, ich möchte es einmal so beschreiben: Gedankenbindende Geister sind wie winzige Samenkörner, die Satan in deine Gedanken pflanzt. Nach und nach wird aus diesen Samen Unkraut, Unkraut des Zweifels, der Unsicherheit, des Unglaubens und des Zynismus. Sie verunreinigen und verstopfen dein Denken. Sie umwickeln deine Gedanken, setzen sie unter Druck und verwirren sie. Du beginnst, unzufrieden und unglücklich zu sein.

Wenn du merkst, wie diese Art von Unkraut in deinen Gedanken keimt und wächst, dann ist es Zeit für den geistlichen Unkrautvernichter: Glaube und bekenne Gottes Wort. In Johannes 8 verspricht Jesus uns: *Jesus sagte zu den Menschen, die nun an ihn glaubten: »Wenn ihr euch nach meinen Worten richtet, seid ihr wirklich meine Jünger. Ihr werdet die Wahrheit erkennen, und die Wahrheit wird euch frei machen«* (Johannes 8,31-32).

Mit anderen Worten, das Wort Gottes kann deine Gedanken unkrautfrei machen. Genau so habe ich es erlebt. Bevor Satan anfing, meine Gedanken zu binden, glaubte ich fest an Folgendes: Obwohl ich nur eine Frau aus Fenton, Missouri, war, die aus keinen guten Familienverhältnissen kam, konnte Gott mich dennoch gebrauchen, Gutes in die Welt zu bringen. Er würde mir die Türen öffnen, damit ich überall auf der ganzen Welt die befreiende Botschaft, die er mir gegeben hatte, predigen konnte. Ich glaubte auch, dass ich mit Radiosendungen beginnen würde, dass Gott mich gebrauchen würde, um Kranke zu heilen und dass er Daves und meine Kinder auch für einen Dienst einsetzen würde. Ich glaubte an all diese Dinge. Gott hatte sogar noch andere wunderbare Sachen in mein Herz gelegt.

Dann kam Satan mit seiner Attacke. Nach einer Weile schien es, als ob ich von all dem nicht mehr viel glauben konnte. Ich sagte zu mir selbst: »Wahrscheinlich habe ich mir diese Sachen über ein Missionswerk nur eingebildet und nichts davon wird wahr werden.«

Doch nach meinem Gebet verschwanden diese Geister mit all ihrem Unkraut. Und sobald sie weg waren, kam die Fähigkeit zurück, das Beste für mein Leben und meinen Dienst zu erwarten.

Entscheide dich zu glauben

Manche Menschen verbinden mit dem Wort »glauben« eine Emotion. Doch obwohl der Glaube auch Emotionen mit sich bringt, ist er doch mehr als nur ein Gefühl. Glaube ist eine Entscheidung, ein Willensakt. Der Glaube folgt auch dann noch beharrlich Gottes Willen, wenn die Gefühle durcheinander sind oder Gottes Wille unser Denken übersteigt. Der Glaube geht über das Verstehen hinaus. Er folgt einer Herzensüberzeugung, auch wenn dein Verstand nicht mitkommt oder mit dir diskutieren will. Es ist wichtig, sich über diese Definition von Glauben im Klaren zu sein, denn unser Verstand weigert sich oft zu glauben, was er nicht verstehen kann.

Weil Gottes Wege höher sind als unsere Wege und sein Verstand den unseren weit übersteigt, ist es entscheidend, seinem Wort zu glauben, auch wenn wir es nicht ganz verstehen und so manches Wie, Wann und Warum nicht beantworten können. Wenn es gerade bei dir Nacht ist, schau dir doch einmal all die Lichter um dich herum an. Verstehst du all die detaillierten Schaltungskreisläufe und weißt alles über Elektrizität, die dieses Licht zum Leuchten bringt? Wahrscheinlich nicht. Doch du kannst dich immer noch darüber freuen und profitierst von dem Licht.

Denk einmal zurück an unsere Abraham-Geschichte. Hätte er nur auf die physikalischen Realitäten geachtet, die kalten, medizinischen Fakten, so hätte er keinen Grund gehabt, Gottes Verheißung zu glauben. Doch stattdessen glaubte er Gott und sein Glaube wurde reichlich belohnt. Er ist der Vorvater des gesamten jüdischen Volkes. Du siehst wahrscheinlich jeden Tag jemanden aus der Nachkommenschaft Abrahams, entweder in den Medien oder sogar persönlich.

Der Teufel hat viele Samenkörner, die er dir in deine Gedanken säen möchte. Doch durch deinen Glauben an Gottes Wort, durch seine Liebe und Macht hast du die Kraft, sie abzuschneiden, rauszureißen oder daran zu hindern, überhaupt Wurzeln zu schlagen.

Wahrheit oder Lüge?

Teste dein Denken mit dem folgenden Quiz …

1. Die meisten Teenager, die trinken, tun dies verantwortungsbewusst.
2. Jungfrauen sind unter Teenagern immer noch stark in der Mehrheit.
3. Fernsehen oder andere Formen der Unterhaltung üben nur wenig bis gar keinen Einfluss auf das Sexualverhalten aus.
4. Eine nennenswerte Anzahl von Kindern haben mit Vollendung des 13. Lebensjahres bereits Sex gehabt.
5. Es ist nicht ungewöhnlich für amerikanische Teenager, über bis zu vier verschiedene Kreditkarten zu verfügen.
6. Mit Kondomen kann man sehr wirksam Schwangerschaften und Geschlechtskrankheiten vermeiden.
7. Die Teenager und Jugendlichen unserer Zeit machen sich oft Gedanken über Geschlechtskrankheiten.
8. Die meisten sexuell aktiven Jugendlichen haben Kondome dabei.
9. Die Gefahren von Marihuana werden übertrieben dargestellt. Marihuana ist gar nicht so gefährlich.
10. Wenn du unter 14 bist, ist Geschlechtsverkehr unzulässig.
11. Geschlechtskrankheiten werden nur durch Geschlechtsverkehr übertragen.
12. Die meisten sexuell aktiven Frauen bekommen keine Geschlechtskrankheiten.
13. Teenager kommen hauptsächlich über ihre Eltern an Alkohol heran.

Antworten für das »Wahrheit oder Lüge«-Quiz findest du auf der nächsten Seite.

1. Falsch. Fast 50 Prozent der Jugendlichen unter 21, die Alkohol trinken, besaufen sich innerhalb von vier Stunden mit fünf oder mehr alkoholischen Getränken.[1]
2. Falsch. Die Hälfte aller Neun- bis Zwölftklässler hatten bereits Geschlechtsverkehr.[2]
3. Falsch. Teenager, die sich viel Sex im Fernsehen anschauen, sind doppelt so gefährdet, selbst Geschlechtsverkehr zu haben, wie die, die sich keinen Sex im Fernsehen anschauen dürfen.[3]
4. Wahr. Laut offiziellen, amerikanischen Untersuchungen (U.S. Centers for Disease Control and Prevention's latest Youth Risk Behavior study) haben 7,4 Prozent der Kinder bereits mit 13 Jahren Geschlechtsverkehr.[4]
5. Wahr. Fast 20 Prozent aller Achtzehnjährigen haben vier oder mehr Kreditkarten, die sie mit zwischen 3.000 und 7.000 US-$ belasten.[5]
6. Falsch. Die Hälfte aller Patienten der Klinik für Geschlechtskrankheiten in Colorado berichtet von Missgeschicken bei dem Gebrauch von Kondomen, wie z. B. unsachgemäßer Gebrauch oder beschädigte Kondome. Weiterhin benutzen nur 46 Prozent der sexuell aktiven jungen Erwachsenen immer oder oft Kondome bei ihren sexuellen Aktivitäten. Nur 36 Prozent lehnen Sex ab, wenn ihr Partner Kondome ablehnt.[6]
7. Falsch. 44 Prozent der sexuell aktiven jungen Leute machen sich keine Sorgen über Geschlechtskrankheiten, 49 Prozent der Männer und 39 Prozent der Frauen.[7]
8. Falsch. Während zwar 77 Prozent aller sexuell aktiven jungen Männer und Frauen sagen, dass es sehr klug ist, Kondome dabeizuhaben, sagen nur 23 Prozent von ihnen, dass sie sie wirklich bei sich tragen.[8]
9. Falsch. Junge Leute, die jede Woche Marihuana konsumieren, stehen doppelt so hoch in Gefahr, später unter Depressionen zu leiden und stehen dreimal so hoch in

Gefahr, Selbstmordgedanken zu haben wie diejenigen, die es nicht konsumieren. Die Tatsache, dass die Wirkung des heutigen Marihuanas doppelt so stark wie bei früheren Generationen ist, trägt zu dem Gefahrenpotenzial bei. Auch kommt gefährdend hinzu, dass die konsumierenden Teenager immer jünger werden und sich deshalb oft in einer Lebensphase befinden, in der das Gehirn gerade wichtige Entwicklungen durchmacht.[9]

10. Wahr. Es ist gesetzlich nicht zulässig, Geschlechtsverkehr zu haben, wenn man unter 14 ist. Auch dann nicht, wenn der Partner auch unter 14 ist.[10]
11. Falsch. Man kann sich auch bei oralem Sex mit einer Geschlechtskrankheit anstecken oder dann, wenn die Hand Kontakt zum Genitalbereich hat.[11]
12. Falsch. 80 Prozent der sexuell aktiven Frauen leiden unter HPV, einem Virus, der durch Sex übertragen wird und auf der Haut bei der Vagina, am Anus oder am Penis lebt. Die ungefähr dreißig verschiedenen Bakterienstämme von HPV werden durch Haut-zu-Haut-Kontakte verbreitet und verursachen Gewächse im Genitalbereich und auch Gebärmutterhalskrebs.[12]
13. Wahr. In einer landesweiten amerikanischen Untersuchung wurde festgestellt, dass mehr als 700 Dreizehn- bis Achtzehnjährige »die eigenen Eltern« nannten, durch die sie mit deren Wissen und Genehmigung alkoholische Getränke zur Verfügung gestellt bekamen. Damit rangieren »die eigenen Eltern« auf Platz 1 der Alkoholquellen. Die »Eltern von anderen« lagen hierbei auf Rang 4 (auch mit deren Wissen und Genehmigung).[13]

KAPITEL 7

Denk einmal darüber nach, worüber du so nachdenkst

Deine Vorschriften will ich bedenken und beachten deine Pfade.
Die Bibel – Psalm 119,15

Wie sind bei dir zu Hause die Regeln, wenn es um Internet, Fernsehen und Musik geht? Kontrollieren deine Eltern deinen Computer? Gibt es bestimmte Sendungen oder ganze Sender, die du nicht schauen darfst?

Fragen deine Eltern dich immer nach der Altersfreigabe, wenn du ins Kino willst? Vielleicht hast du dir auch selbst einige Regeln gesetzt. Vielleicht besuchst du bestimmte Webseiten oder auch Chatrooms gar nicht.

Wenn dir etwas von dem bekannt vorkommt, dann ist das wirklich gut für dich (und für deine Eltern auch)! Da die Medieninhalte immer bedenklicher werden, sind immer mehr

Menschen vorsichtiger mit dem, was sie sich anschauen, was sie lesen oder was sie hören.

Leider wenden sehr wenige Menschen die gleiche Disziplin bei ihrem Gedankenleben an.

Die meisten Menschen lassen wahllos irgendwelche Gedanken in ihren Kopf hinein und verbringen viel Zeit damit, über sie nachzudenken. Einige von ihnen sind harmlos, wie zum Beispiel: »Ich frage mich, wo der Weltrekord beim Hotdog-Essen liegt?« Andere sind vielleicht unrein oder unaufrichtig. Unachtsame Gedanken halten uns auf jeden Fall immer von reinen und positiven Gedanken ab – Gedanken, die uns zu einem lebenswerten statt zu einem sinnlosen Leben führen.

Der Psalmist, der am Anfang des Kapitels zitiert wurde, verstand das Prinzip, einmal darüber nachzudenken, worüber man so nachdenkt. Er sagte, er will Gottes Vorschriften bedenken. Das heißt, er verbrachte eine Menge Zeit damit, über Gottes Wesen und seine Vorschriften für das Leben nachzudenken.

Wenn wir über Gottes Wort nachsinnen, so wird das belohnt. Die Bibel verheißt der Person, die das so tut, wie ein Baum zu sein, der an Wasserbächen gepflanzt ist. Ein Baum, der gute Frucht hervorbringt und gedeiht. Diese Person wird gesegnet werden, so verspricht es die Bibel.

Im Markusevangelium steht es ein wenig anders: *Achtet auf das, was ihr hört! Nach dem Maß, mit dem ihr messt und zuteilt, wird euch zugeteilt werden, ja, es wird euch noch mehr gegeben* (Markus 4,24; Einheitsübersetzung). Mit anderen Worten, je mehr Zeit wir damit verbringen, über das Wort, das wir lesen und hören, nachzudenken, umso mehr Kraft werden wir für ein glaubensvolles Leben haben. Du bekommst das aus Gottes Wort zurück, was du investierst.

Wahrscheinlich hast du schon einmal Predigten und Lieder darüber gehört, sich um die »Geringsten von diesen« zu kümmern. Vielleicht hast du gedacht: »Das ist eine nette Idee. Wir sollten uns wirklich um die Menschen kümmern, denen es nicht so gut wie uns selbst geht. Hmm, ich frage mich, was gerade im Fernsehen kommt«. Wenn das passiert, musst du deine Gedanken disziplinieren. Du sollst über Gottes Wort meditieren und es nicht nur durch deine Gedanken wehen lassen wie Rauch.

Laut Webster's Dictionary (amerikanisches Wörterbuch) bedeutet das Wort *meditieren* nachsinnen, nachdenken, Betrachtungen anstellen oder auch, sich in Gedanken vornehmen, etwas zu tun. Wenn du Gottes Wort in deinem Leben folgen möchtest, musst du Zeit dafür zur Verfügung stellen, um darüber nachzudenken, was Gott seinem Volk sagt. Du musst es regelrecht einüben, über Gottes Wort nachzudenken, genauso wie du für einen sportlichen Wettkampf, einen musikalischen Auftritt oder eine Rede üben musst.

Im Buch Josua werden die Menschen dringend dazu aufgefordert, Tag und Nacht über Gottes Gesetz zu meditieren (siehe Josua 1,8). Und zwar deshalb, weil diese Disziplinierung so bedeutungsvoll ist, dass sie nicht in die hinterste Ecke deines vollen Tages gedrängt werden darf.

Nimm dir ein paar Augenblicke Zeit und schätze einmal, wie viel Zeit deines Lebens du damit verbringst, über Gottes Wort nachzudenken und herauszufinden, wie du es in deinem Alltag anwenden kannst. Wenn du genauso bist wie die meisten Menschen, so ist deine Meditationszeit eher gering im Vergleich zu der Zeit, die du für das Fernsehen, dein Handy und dein Surfen im Internet brauchst.

Ich möchte dir noch eine andere Frage stellen: Hast du in irgendeinem Bereich deines Lebens Probleme? Wenn ja, dann beantworte die Frage »wie viel Zeit verbringst du, zu meditieren?« einmal ehrlich, und du weißt warum. Ich weiß das aus persönlicher Erfahrung. Die meiste Zeit meines Lebens habe ich nicht darüber nachgedacht, worüber ich so nachdachte. Ich ging jahrelang in die Kirche, dachte aber über das Gehörte nie wirklich nach. All die Predigten, Lieder und persönlichen Zeugnisse flogen durch meinen Kopf, ohne jemals zu landen oder einen bleibenden Eindruck zu hinterlassen.

Ich las auch täglich die Bibel. Doch ich dachte nie über das nach, was ich las. Es war für mich nur eine gedankenlose Routine. Ich befasste mich nicht wirklich mit dem Wort. Ich widmete meine Gedanken nicht dem, was ich hörte und ging ihnen nicht nach, und ich setzte das Gehörte auch nicht in die Praxis um.

Stattdessen dachte ich über alles Mögliche nach, was mir so durch den Kopf ging, egal zu welcher Zeit. Erschreckend hierbei war jedoch Folgendes: Ich hatte zu der Zeit keine Ahnung, dass der Teufel mir Gedanken wie eine Droge injizieren konnte. Deshalb war mein Denken mit teuflischen Lügen erfüllt – und mit einer Menge Unsinn. Das waren nicht unbedingt bösartige Dinge, aber immerhin Dinge, die es nicht wert waren, darüber nachzudenken. Diese Dinge beschäftigten meine Gedanken, doch nicht auf eine produktive Art und Weise. Obwohl ich also bereits Christin war, kontrollierte der Teufel mein Leben, denn er kontrollierte meine Gedanken.

Ich musste meine Denkweise ändern. Vielleicht musst du das auch.

Der Wendepunkt trat zu dem Zeitpunkt ein, als Gott mir die Botschaft gab, die nun Titel dieses Kapitels ist: »Denk einmal darüber nach, worüber du so nachdenkst.«

Brandneue Gedanken

Deshalb orientiert euch nicht am Verhalten und an den Gewohnheiten dieser Welt, sondern lasst euch von Gott durch Veränderung eurer Denkweise in neue Menschen verwandeln. Dann werdet ihr wissen, was Gott von euch will: Es ist das, was gut ist und ihn freut und seinem Willen vollkommen entspricht.

Die Bibel – Römer 12,2

In diesem Abschnitt versichert uns Paulus, dass wir Gottes gutem und perfekten Willen nachfolgen können – wenn wir unsere Gedanken, unseren Sinn erneuert haben. Wie können wir das tun? Wir beten, dass Gott uns hilft, seiner Denkweise folgen zu können. Wir meditieren ständig über Gottes lebensveränderndes Wort und konzentrieren uns darauf. Das Meditieren über Gottes Wort muss für unser Denken so unverzichtbar werden wie das Essen für unseren Körper und das Atmen für unsere Lungen.

Wenn wir erneuert werden und in Gottes Bahnen denken, dann werden wir so umgewandelt, wie Gott uns haben will.

Ich möchte aber darauf hinweisen, dass richtige Gedanken nichts mit unserer Errettung zu tun haben. Ja, das stimmt. Unsere Errettung verdanken wir einzig und alleine dem Tod Jesu für dich und mich am Kreuz und seiner triumphalen Auferstehung von den Toten. Du vertraust Jesus und er rettet deine Seele. Du kommst in den Himmel, weil du ihn im Glauben annimmst.

Es klingt merkwürdig, aber im Himmel werden Menschen sein, die kein siegreiches und effektives Leben auf Erden gelebt haben. Menschen, die von Gottes Plan für ihr Leben abgeirrt sind. Warum? Weil sie nie ihre Gedanken in Übereinstimmung mit Gottes Wort erneuert haben. Ihr Herz gehörte zwar Jesus, doch jemand anderes hatte ihre Gedanken gefangen genommen.

Jahrelang gehörte ich zu diesen Menschen. Ich war wirklich wiedergeboren und es bestand kein Zweifel daran, dass ich auf dem Weg in den Himmel war. Doch ich konnte keinen Sieg in meinem Leben verzeichnen, da meine Gedanken ständig von einer falschen Denkweise besetzt waren.

Was sind denn dann die richtigen Gedanken?

Etwas zum Nachdenken

Schließlich, meine lieben Brüder, orientiert euch an dem,
was wahrhaftig, gut und gerecht, was anständig,
liebenswert und schön ist.
Wo immer ihr etwas Gutes entdeckt,
das Lob verdient, darüber denkt nach.

Die Bibel – Philipper 4,8

Wusstest du, dass die Bibel eine so genaue Anleitung enthält, wie du deine Gedanken steuern sollst? Wenn du also darüber nachdenkst, worüber du nachdenken sollst, nimm Philipper 4,8 als Checkliste. Wenn du so bist wie ich, wirst du wahrscheinlich nicht über die ersten beiden Punkte hinauskommen, wenn du einen Gedanken beurteilst, der dir durch den Kopf geht.

Wenn du zum Beispiel darüber nachdenkst, zum ersten Mal Hasch auszuprobieren oder das erste Mal hochprozentigen Alkohol versuchen willst, dann frage dich selbst: »Wenn ich das tue, bleibe ich dann mir selbst treu? Bin ich wahrhaftig der, der ich sein soll?« Und schon hast du die Antwort.

Nun, nehmen wir aber einmal an, du interpretierst das »wahrhaftig«-Kriterium anders. Vielleicht argumentierst du so, dass viele deiner Freunde und/oder Klassenkameraden sich wahrhaftig auf diese Substanzen einlassen. Okay, auch wenn du in diesem Punkt gewonnen hast, gehen wir zum nächsten Kriterium. Ist ein Schluck von Jack Daniel's etwas Gutes? Eine andere Bibelübersetzung übersetzt dieses Wort mit »Ehrerbietung verdienen«. Siehst du, wie effektiv Philipper 4,8 dir Anleitung bezüglich deines Gedankenlebens und deines Verhaltens gibt?

Bitte wende einmal diese Methode an, wenn du eine Bestandsaufnahme deiner Gedanken machst. Frage dich selbst: »Worüber habe ich in der vergangenen Woche nachgedacht? Und welche Gedanken könnten den Philipper-4,8-Test bestehen?«

Wenn du deine Gedanken so prüfst, wirst du merken, wie du immer häufiger über Dinge nachdenkst, die dich aufbauen und nicht herunterziehen. Wenn du voller falscher Gedanken bist, wirst du unglücklich werden, so wie ich es war. Es gibt noch etwas, was ich durch persönliche Erfahrungen gelernt habe: Wenn eine Person unglücklich und unzufrieden ist, dann wird sie auch die anderen um sich herum, die mit ihr zu tun haben, unglücklich und unzufrieden machen. Deine Familie und deine Freunde gehören zu denen, die du am meisten unglücklich machen wirst. Dazu zählt auch dein Freund oder deine Freundin, die du ja eigentlich auf keinen Fall bedrücken möchtest.

Ich beschließe dieses Kapitel, möchte aber noch Satans Lieblingstäuschungsmanöver aufdecken. Er will dich nämlich glauben machen, dass der Ursprung deiner Misere an den Leuten um dich herum liegt, außerhalb deines Bereichs. Mit anderen Worten, deine Misere liegt an deinen Umständen und an den Leuten in deinem Leben.

Checkliste zur Gedankenkontrolle nach Philipper 4,8

Weißt du nicht, was du denken sollst? Unterzieh deine Gedanken einmal dem folgenden Test. Sind sie …

1. wahr
2. ehrbar
3. gerecht
4. rein
5. liebenswert
6. bewundernswert
7. vorzüglich
8. lobenswert

Doch jetzt kommt der Knackpunkt: Niemand und nichts kann dich ohne deine Erlaubnis niederdrücken. Einige der glücklichsten Menschen, die ich kenne, müssen finanziell kämpfen, werden zu Hause sehr herausgefordert oder haben ein körperliches Leiden.

Jahrelang habe ich meine Unzufriedenheit auf das geschoben, was die Leute taten oder was sie nicht taten. Ich schob meinem Mann und meinen Kindern mein Elend in die Schuhe. »Wenn sie nur anders wären«, dachte ich. »Wenn sie sich nur mehr um meine Bedürfnisse kümmern und mehr im Haus helfen würden, dann wäre ich glücklich.«

Doch Gott sei Dank schaute ich irgendwann der Wahrheit ins Gesicht. Nichts was meine Familie tat oder nicht tat, konnte mich niederdrücken, wenn ich mich dazu entschloss, die richtige Einstellung zu haben. Meine Gedanken und nicht mein Mann oder meine Kinder machten mich unzufrieden.

Lass es mich noch einmal sagen: Denke einmal darüber nach, worüber du so nachdenkst. Wenn du das tust, wirst du höchstwahrscheinlich die Ursachen vieler deiner Probleme aufdecken. Und wenn du das erst einmal getan hast, werden deine Gedanken ganz schnell frei und voller Frieden werden.

TEIL 2

Wie geht es deinem Kopf?

Einleitung

Wir jedoch haben den Geist Christi bekommen,
sodass uns seine Gedanken nicht verborgen sind.

Die Bibel – 1. Korinther 2,16

Ich will dich etwas fragen: Worum drehen sich deine Gedanken gerade jetzt? Warst du letzte Woche mit deinen Gedanken völlig woanders? Oder wie war es im letzten Jahr?

Wenn du genauso wie die meisten anderen Menschen bist, ändert sich dein mentaler Zustand ständig. Er kann so unvorhersehbar wie das Wetter sein. Manchmal bist du ruhig und ausgeglichen. Eine Woche später bist du verspannt, ängstlich und sorgst dich um jede Kleinigkeit.

Oder hast du schon einmal eine Entscheidung getroffen, die in dir Panikattacken auslöste, als du noch einmal darüber nachdachtest? Wenn es um Schulentscheidungen ging zum Beispiel oder darum, die Freundschaft zu jemandem abzubrechen.

Kennst du das, dein geistliches Leben eine Zeit lang als richtig gut und wertvoll zu empfinden und kurze Zeit später zu stolpern? Plötzlich bist du nicht einmal mehr dazu in der Lage, die Bibel aufzuschlagen? Du suchst ständig nach Entschuldigungen, warum du nicht in den Gottesdienst oder in die Jugendstunde gehst? Du betest nicht, außer du bist in einer Notlage und du brauchst Gott, damit er dich aus dieser Lage befreit?

Ich kenne das sehr gut. Manchmal in meinem Leben schien es so, als könnte ich Gott und seinem Wort wie selbstverständlich vertrauen. Und dann wiederum kamen Zeiten, in denen mich Zweifel und Unglaube gnadenlos verfolgten. Deshalb begann ich mich zu fragen: »Was läuft hier falsch? Bin ich normal? Und was ist eigentlich normal?«

Meine Denkweise war immer sehr kritisch und verurteilend, was für einen Gläubigen nicht normal sein sollte. Doch da meine Gedanken für die längste Zeit meines Lebens so gewesen waren, schien es mir normal zu sein, obwohl ich es auch manchmal hinterfragte. Immerhin hatte ich mich daran gewöhnt. Außerdem gab es, soweit es mir bekannt war, nichts, was meine Gedanken hätte ändern können.

Ich möchte noch einmal klarstellen, dass ich zu diesem Zeitpunkt bereits jahrelang gläubig war. Doch niemand unterrichtete mich in Bezug auf meine Denkweise oder gab mir Richtlinien an die Hand, wie mein Denken als Kind Gottes sein sollte.

Wie bereits gesagt, werden unsere Gedanken nicht wiedergeboren, wenn wir Christen werden. Unsere Gedanken müssen erneuert werden und diese Erneuerung ist ein Prozess, der Zeit braucht. Deshalb sei nicht entmutigt oder gar am Boden zerstört, wenn du den nächsten Buchabschnitt liest. Vielleicht entdeckst du, dass deine Denkweise nicht richtig ist. Das ist in Ordnung. Man muss immer erst das Problem erkennen, bevor man weitere Schritte einleiten kann, um dahin zu kommen, wo man hin möchte.

Stell dir einmal einen Athleten vor, der denkt, er sei in guter Form. Er hat während der Sommerferien viel Sport getrieben und scheint im Vergleich zu seinen Kumpels wirklich fit zu sein. Doch dann, beim ersten Training nach den Ferien merkt er, dass seine 100-Meter-Sprints viel zu langsam sind. Zuerst denkt er, die Stoppuhr sei kaputt.

Im Kraftraum merkt er dann, dass er sein Körpergewicht nicht ein einziges Mal stemmen kann. Obwohl die Einsicht sehr enttäuschend ist, hat er nun doch einige Informationen darüber, wo er mit seiner körperlichen Fitness steht und was er noch zu tun hat, wenn er wirklich in die Oberliga will. Obwohl er enttäuscht ist, hatte diese Erkenntnis auch ihre gute Seite. Er weiß jetzt etwas, was er vorher nicht wusste. Er kann sich jetzt mit der Realität auseinandersetzen und nicht mehr mit dem Traumbild, das er vorher von sich hatte.

Ich wurde vor einigen Jahren im wahrsten Sinne des Wortes sehr »ent-täuscht«, d. h. meine Selbsttäuschung wurde mir weggenommen. Es begann, als ich meine Beziehung zu Gott ernsthafter leben wollte. Als ich ihm näher kam, offenbarte er mir, wie viele meiner Probleme ihren Ursprung in meinem falschen Denken hatten. Um es kurz zu sagen, meine Gedanken waren ein einziges Chaos! Mir wurde klar, dass sie vermutlich noch nie in dem Zustand gewesen waren, in dem sie hätten sein sollen.

Diese Einsicht war überwältigend. Mir wurde klar, dass ich abhängig von falschen Denkweisen war. Ich versuchte zwar, die schlechten Gedanken hinauszukatapultieren, wenn sie angeflogen kamen, doch wie Boomerangs kamen sie zurück. Wenn du einen Freund hast, der versucht, sich das Rauchen abzugewöhnen, aber doch wieder einen Rückfall hat und der Versuchung nicht widerstehen kann, dann weißt du, wovon ich spreche.

Es ist einfach knochenhart, falsche Denkweisen zu überwinden, weil der Teufel alles daransetzen wird, um dich auf eine *aggressive* Art und Weise genau dann zu bekämpfen, wenn du gerade dabei bist, deine Gedanken zu erneuern. Deshalb musst du beten und in der Bibel lesen. Du musst dir die Verheißungen Gottes schnappen und sie festhalten und darfst sie um nichts in der Welt wieder hergeben. Du musst dich weiter durchkämpfen. Wenn du es so machst, dann wirst du Stück für Stück deine Gedanken erneuern. Du wirst dich gedanklich nicht mehr so viel auf Abwegen befinden, sondern kannst dich besser auf das Wesentliche konzentrieren. Du wirst nicht mehr so durcheinander oder traurig sein und du wirst dir sicherer sein, wohin dein Weg geht. Du wirst weniger Angst haben, denn dir wird klar sein, dass du als Kind Gottes das Vorrecht hast, alle deine Sorgen auf ihn zu werfen.

Deshalb lies den zweiten Teil des *Schlachtfelds der Gedanken* in einer innerlichen Gebetshaltung. Ich glaube, dieser zweite Abschnitt wird dir die Augen öffnen, welche Denkweisen überhaupt nicht normal sind. Du wirst auch ein Bild davon bekommen, welche Denkweisen richtig für einen Nachfolger Jesu sind, der entschlossen ist, siegreich zu sein.

KAPITEL 8

Sind meine Gedanken normal?

Laut der amerikanischen Gesundheitsbehörde leiden zwei Drittel aller Erwachsenen in Amerika unter Übergewicht. 31 Prozent von ihnen sind korpulent. Wenn du also in einem amerikanischen Einkaufszentrum herumläufst, könntest du den Eindruck bekommen, dass Übergewicht normal ist. Ist es aber nicht. Es ist zwar so, dass der Durchschnittsmensch heutzutage übergewichtig ist, aber das ist nicht *normal.*

Es ist sehr wichtig zu unterscheiden, was *normal* oder nur *nicht ungewöhnlich* ist, besonders dann, wenn wir über unsere Gedanken reden. Wenn du dich selbst fragst: »Wie sollten meine Gedanken und meine Denkweise sein?«, dann schau dir nicht einfach die Leute um dich herum an und vergleich dich mit ihnen. Du musst dich tiefer damit auseinandersetzen.

Wenn wir Christen werden, dann zieht der Heilige Geist in unser Herz ein. Der Geist kennt die Gedanken Gottes und zu seinen Aufgaben gehört es, uns Gottes Weisheit und seine Führung zu offenbaren.

Doch für uns als Menschen ist es eine Herausforderung, der

Führung des Heiligen Geistes und seinen Offenbarungen zu folgen. Denn in uns gibt es beides, das Natürliche und das Geistliche. Das natürliche Gehirn funktioniert nach seinen eigenen Naturgesetzen, mit all seinen Neuronen, dem freigesetzten Serotonin und so weiter. Die natürlichen Funktionen unseres Gehirns helfen uns, Informationen weiterzuleiten, Probleme zu lösen und vieles, vieles mehr. Trotz all dieser wunderbaren Funktionen kann unser erstaunliches Gehirn keine geistlichen Dinge verstehen (siehe 1. Korinther 2,14).

Um Geistliches begreifen zu können, muss unser Denken vom Heiligen Geist erleuchtet werden. Das Problem besteht nur darin, dass unser Gehirn dem Geist oftmals ein »Besetztzeichen« signalisiert, wenn er versucht, uns zu erleuchten. Sorgen und Ängste verursachen dieses »Besetztzeichen«. Wenn unsere Gedanken von solchen Dingen besetzt sind, können sie nicht auf Gottes Geist hören.

Kurz gesagt, dein Denken ist normal, wenn es zur Ruhe kommt. Nicht leer, wie ein Computer-Bildschirm, wenn er hochgefahren wird, sondern zur Ruhe gekommen, gelassen, aufnahmebereit für Gottes Führung und seine Inspiration.

Denk einmal kurz darüber nach: Sind deine Gedanken normalerweise sehr entspannt? Oder sind sie in ihrer ganzen Bandbreite überladen, werden mit Informationen, Stress, Anforderungen, Terminen und Fristen bombardiert? Wie du in diesem Buch gelesen hast, fühlen sich 99 Prozent aller Teenager zumindest zeitweilig gestresst. Wenn du dich also überfordert fühlst, bist du nicht alleine.

Wann hast du es deinem Denken das letzte Mal gestattet, einfach nur vor sich hinzusinnen? Die geistliche Seite in dir zu durchdenken und nicht immer nur die sich aufspielende natürliche Seite?

Der Heilige Geist steht dir zur Verfügung, um dich mit göttlicher Weisheit und Inspiration zu erfüllen, doch wenn dein Denken zu beschäftigt mit anderen Dingen ist, wirst du es nicht mitkriegen.

Bist du zu gestresst, um erfolgreich zu sein?

99 Prozent aller Teenager fühlen sich zumindest zeitweilig gestresst und 67 Prozent empfinden Stress, ohne genau zu wissen warum. In den USA wurde eine landesweite Studie durchgeführt. Folgende Rangliste wurde bei den Stressfaktoren aufgestellt. Wie viele von ihnen empfindest du genau so?

1. Sich durch Hausaufgaben überfordert fühlen
2. Nicht genug Geld haben
3. Gute Ergebnisse bei Einstellungs-/Eignungstests erzielen wollen (Universität und Beruf)
4. Verschiedene Prioritäten unter einen Hut bringen
5. Sich unattraktiv und fett fühlen[1]

Großer Gott, leise Stimme

Er aber sprach: Komm heraus und tritt auf den Berg vor den HERRN!
Und siehe, der HERR ging vorüber; und ein großer, starker Wind, der die Berge zerriss und die Felsen zerbrach, ging vor dem HERRN her; der HERR aber war nicht im Winde. Nach dem Winde aber kam ein Erdbeben; aber der Herr war nicht im Erdbeben. Und nach dem Erdbeben kam ein Feuer; aber der HERR war nicht im Feuer. Und nach dem Feuer kam die Stimme eines sanften Säuselns.

Die Bibel – 1. Könige 19,11-12

Hast du schon einmal so etwas erlebt wie Elia in dieser Schriftstelle? Hat Gott schon einmal auf eine unerwartete Art und Weise geantwortet, als du ihn um Weisheit gebeten hast?

Jahrelang habe ich Gott um eine göttliche Offenbarung durch seinen in mir lebenden Geist gebeten. Ich wusste, dass meine Bitte der Bibel entsprach. Ich war mir sicher, dass ich

Gott darum bitten sollte, mir Dinge zu offenbaren und ich war mir sicher, eine Antwort zu erhalten.

Doch stattdessen fühlte ich mich oft wie ein geistlicher Dummkopf. Endlich bemerkte ich dann, dass ich vom Heiligen Geist nicht viel mitbekommen konnte, weil meine Gedanken mit so vielen anderen Dingen beschäftigt waren, dass ich es einfach verpasste, zu bemerken, wie Gott mir Dinge offenbarte.

Stell dir einmal vor, du bist mit deinem besten Freund oder deiner besten Freundin in einem lauten Konzert. Mitten in dem Schlagzeugsolo flüsterst du etwas. Dein Freund wird dich nicht hören und, falls er nicht gerade zu dir hinschaut, wird er noch nicht einmal merken, dass du etwas gesagt hast.

Genau so ist es mit der Kommunikation zwischen Gottes Geist und unserem Herzen und unseren Gedanken. Der Geist wirkt sehr behutsam. Meistens spricht er zu uns genauso, wie es uns bei Elia geschildert wird, nämlich mit einer leisen Stimme. Deshalb ist es von großer Wichtigkeit, unsere Gedanken auf Gottes Frequenz einzustellen.

Es gibt einen großartigen Gospelsong, der beginnt mit den Worten: »Ich wachte heute Morgen auf und meine Gedanken waren ganz bei Jesus.« Ein wirklich guter Ratschlag.

Jesaja 26,3 verspricht uns: *Du wirst ihn bewachen und ihm beständigen und vollkommenen Frieden schenken [beides, sowohl die Neigung dazu als auch die Eigenschaft], dem, dessen Sinn auf dich gerichtet ist, denn er vertraut sich dir an, verlässt sich auf dich und vertraut auf dich* (Jesaja 26,3; Übersetzung der Amplified Bible).

Verpflichte dich, deine Gedanken im Frieden zu bewahren. Der Teufel wird versuchen, dein Denken mit schlechten Gedanken, zerstörerischen Gedanken und auch einfach bedeutungslosen Gedanken zu überladen. Du musst diese Gedankenbahnen für Gottes Geist offenhalten, damit sie ihm zur Verfügung stehen können. Halte deine Gedanken »auf Jesus gerichtet«. Wenn dein Denken auf ihn ausgerichtet ist, kommt es zur Ruhe und erlebt Frieden.

KAPITEL 9

Oh, wohin sind meine Gedanken *nun schon wieder* gewandert?

Im letzten Kapitel haben wir herausgefunden, dass es nicht normal ist, wenn unsere Gedanken zu beschäftigt sind. Doch Abnormalitäten unseres Denkens haben noch andere Gesichter. In diesem Kapitel werden dir noch zwei weitere begegnen.

Wie oft ist dir das Folgende bereits passiert? Du sitzt in der Schule im Unterricht und eine ganze Zeit lang bekommst du alles mit, was der Lehrer so erzählt. Du nimmst die Informationen auf und machst dir sogar Notizen. Doch dann entscheidet sich dein Denken, aus welchem Grund auch immer, einen kleinen Ausflug zu machen. Vielleicht zum Haus eines Freundes, zum Einkaufszentrum oder zum Wohnort deines Cousins.

Nach einer Weile kommt der Unterrichtsstoff wieder bei dir an. Du schaust auf deine Uhr und dir wird klar, dass du gedanklich gesehen in den letzten zwölf Minuten woanders warst.

Das ist mir auch schon passiert. Sogar im Gottesdienst. Wir alle kennen das. Es ist weitverbreitet, aber es ist nicht *normal*.

Zu viele Menschen erlauben es ihren Gedanken jahrelang, einfach woanders hinzuwandern. Das kommt daher, weil sie es nie gelernt haben, ihr Gedankenleben zu disziplinieren. Sie würden es keinem Kind, keinem Bruder und auch keiner Schwester und noch nicht einmal einem Haustier erlauben, wer weiß wohin zu laufen, doch sie erlauben es ihren Gedanken die ganze Zeit. Nach und nach wird es fast zu einer Gewohnheit.

Oft denken diejenigen, die sich schlecht konzentrieren können, sie hätten in gewisser Hinsicht eine Behinderung. Doch mehr als wahrscheinlich ist der Fehler ein Mangel an Disziplin. Wenn man seinen Gedanken jahrelang erlaubt hat, einfach davonzugaloppieren, ist es schwer, sie zu zügeln.

Auch wenn man sich nicht gut ernährt, wird die Konzentrationsfähigkeit geschwächt. Besonders Vitamin B fördert die Konzentration. Wenn du also mit Konzentrationsschwierigkeiten geplagt bist, geh zum Arzt oder frag einen Ernährungsberater.

Schlechte Konzentration kann auch auf Müdigkeit zurückzuführen sein. Hast du schon mal beim Spielen eines Computerspiels, beim Chatten oder beim SMS-Schreiben bis in die Nacht hinein die Zeit vergessen? War es dir dann nicht nahezu unmöglich, am nächsten Tag in der Schule aufzupassen?

Ich habe festgestellt, der Teufel versucht mich immer dann zu attackieren, wenn ich übermüdet bin, denn er weiß, dass es schwieriger für mich ist, ihm zu widerstehen, wenn ich kaputt bin.

Deine Gedanken können auch davonwandern, wenn du liest. Ich kann ein Kapitel in der Bibel lesen, es sogar beenden und dann bemerke ich, dass ich überhaupt keine Erinnerung daran habe, was ich gerade gelesen habe. Dann lese ich das Kapitel noch einmal und es erscheint mir völlig neu. Das geschieht, weil meine Augen zwar den Text gescannt haben, meine Gedanken jedoch ganz woanders waren. Sie waren nicht bereit und aufnahmefähig für das, was ich gerade las. Ich konnte den Text nicht verstehen, weil ich mich nicht konzentrierte.

Im Buch der Prediger rät der weise Salomo: *Widme deine Gedanken dem, was du tust* (Prediger 5,1; Übersetzung der Amplified Bible). Denke einmal über diesen Rat nach. Er bedeutet, deine Gedanken den Worten auf der Buchseite, dem Liedtext oder auch dem Predigttext zu widmen. Genau das meint auch ein Sprecher, wenn er sagt: »Ich bitte um Ihre *volle* Aufmerksamkeit!«

Diese Sache mit der ganzen Aufmerksamkeit war für mich nicht einfach. Meine Gedanken wanderten ständig umher und ich musste richtig trainieren, um sie zu disziplinieren. Das Training war nicht einfach und ich muss gestehen, dass ich immer noch Rückfälle habe. Das Wort »umherwandern« wird im Wörterbuch mit Begriffen wie »sich ziellos bewegen« oder auch »schlendern« definiert. Selbst wenn ich ein Buch schreibe, ist es möglich, dass ich plötzlich bemerke, wie ich über irgendetwas nachdenke, was nichts mit dem Buch oder dem Thema zu tun hat.

Ich habe ganz sicher noch nicht in allen Bereichen die perfekte Konzentration erreicht, doch wenigstens weiß ich jetzt, wie wichtig es ist, über die Gedanken zu wachen, damit sie nicht davontrotten, wann sie es wollen oder wann sie es sich wünschen. Darüber hinaus bin ich mir meiner Veranlagung bewusst und passe daher umso mehr auf mich auf.

Es macht schon viel aus, wenn wir einfach nur auf der Hut sind. Wenn ich mich früher mit meinem Mann Dave unterhielt, hörte ich ihm in der Regel eine Weile zu, um mich dann gedanklich für eine Kurzreise abzumelden. Doch damit bekam ich große Brocken von dem, was er mir sagte, gar nicht mit. Manchmal versuchte ich dann, meine Unaufmerksamkeit zu überspielen, indem ich zustimmend nickte oder so tat, als wenn ich jedes Wort gehört hätte. Das war einfach nur unhöflich und auch unehrlich.

Wenn mir das jetzt passiert, und ich muss gestehen, dass das noch ab und zu der Fall ist, unterbreche ich Dave und sage: »Könntest du das bitte noch einmal wiederholen? Es tut mir leid, aber ich habe meine Gedanken davonwandern lassen und ich habe verpasst, was du gesagt hast«.

Es kann zwar sehr peinlich sein, zugeben zu müssen, dass man gedanklich ganz woanders war, doch letztendlich ist es viel respektvoller gegenüber dem anderen, statt so zu tun, als ob man zuhört. Und du bekommst alles mit, jede einzelne Information. Die Fragen »Stimmst du meiner Meinung zu?« oder »Was denkst du zu diesem Plan?« kannst du dann ehrlich beantworten – ohne peinliche Stille.

Wenn du so ehrlich reagierst, wissen die Leute auch, dass du dich mit deinen Schwächen auseinandersetzt und an ihnen arbeitest. Der einzige Weg, Probleme aus der Welt zu schaffen, ist der, sich mit ihnen auseinanderzusetzen.

Es gibt noch einen anderen Weg, wie man gegen umherwandernde Gedanken angehen kann. Höre dir die Botschaften, die Gott dir mitteilen möchte, immer wieder an. Viele Kirchen zum Beispiel stellen Predigt-CDs zur Verfügung. Hör sie dir an, wenn du auf dem Weg zur Schule oder zur Arbeit bist oder auch dann, wenn du Besorgungen machst. So bekommst du noch einmal die Schlüsselaussagen mit oder vielleicht werden dir plötzlich Aspekte wichtig, die du im Gottesdienst überhört hast. Einige Gemeinden stellen ihre letzten Gottesdienste auch ins Internet.

Wenn du ein bestimmtes Buch der Bibel studierst, versuche einmal die einzelnen Verse in verschiedenen Bibelübersetzungen zu lesen. Ich habe diese Technik bei diesem Buch angewendet. Manchmal vergrößert sich unser Verständnis der Bibel, wenn wir die verschiedenen Übersetzungsmöglichkeiten einmal nebeneinander lesen.

Musik ist auch ein wunderbarer Weg, Gedanken bei sich zu

behalten. Durch den Rhythmus, die Reime und den Beat eines Liedes können wir uns Bibelverse oder biblische Wahrheiten besser merken.

Ein Verstand voller Fragezeichen

Bevor wir dieses Kapitel beenden, sollten wir die Cousins der umherwandernden Gedanken kennenlernen: nämlich die Gedanken, die sich ständig alles Mögliche fragen.

Fragen wie zum Beispiel:
Ich frage mich, welche Zensuren ich in diesem Schuljahr bekommen werde?
Ich frage mich, ob ich eines Tages einen guten Job bekommen werde?
Ich frage mich, wie alt ich wohl einmal werde?
Ich frage mich, wie alt ich wohl sein werde, wenn mein Haar grau wird oder ausfällt?

Hast du dich schon einmal so etwas gefragt? Ich frage mich zum Beispiel so Sachen wie: »Wie wird mein Sohn mit dem Druck umgehen, dem er auf seiner Arbeit ausgesetzt ist?« Oder: »Ich frage mich, wie viele Menschen wohl zu meinem Seminar kommen werden? Und ich frage mich, was ich wohl anziehen soll?«

Diese Aussagen spiegeln Gefühle von Verwirrung und Zweifel wider. Wenn deine Gedanken sich ständig mit solchen Fragen auseinandersetzen, so ist das nicht normal. Es ist einfach Zeitverschwendung und es rührt unnötige Sorgen auf. Ich denke, es ist besser sich mit positiven Dingen zu beschäftigen, als mit Gedanken, die ständig immer alles hinterfragen wollen.

Ich sollte zum Beispiel eher für meinen Sohn beten, ihn ermutigen und ihm helfen, wenn es nötig ist, anstatt mich immer wieder zu fragen, wie es ihm wohl geht. Und anstatt mir Sorgen zu machen, wie viele wohl an meinem Seminar teilnehmen werden, kann ich mich gut vorbereiten, mir vornehmen, mein Bestes zu geben und dann alles dem Herrn überlassen und ihm vertrauen, dass er alles zum Guten dienen lässt, unabhängig davon, wer oder wie viele kommen werden.

Wenn ich mich aufgrund einer inneren Unsicherheit ständig irgendwelche Dinge frage, kommt dabei immer Unschlüssigkeit heraus. Und Unschlüssigkeit führt immer zu Verwirrung. Diese Gemütsverfassung hält uns davon ab, von Gott im Glauben Antworten und Wegweisung für unser Leben zu empfangen.

In Markus 11,23-24 sagt Jesus nicht: »Worum du auch im Gebet bittest, frag dich einmal, ob du es bekommen wirst.« Stattdessen sagt er: *Worum du auch im Gebet bittest, **glaube** und du wirst es empfangen* (Elberfelder). Als Christen sind wir berufen, Gläubige zu sein und nicht Menschen, die sich ständig etwas fragen. Deshalb sollen wir glauben und nicht zweifeln!

TEIL 3

Sechs Länder, in denen du *nicht* leben willst

Einleitung

Denke einmal für ein paar Minuten über den Ort nach, in dem du wohnst. Was magst du an ihm? Das Wetter? Den Strand? Die Berge? Das Essen? Die Menschen? Die Freizeitmöglichkeiten?

Und was magst du an deinem Wohnort nicht? Die Umweltverschmutzung? Die Kriminalität? Den Verkehr? Würdest du lieber woanders leben?

Nun, ganz gleich was du auch über deinen geografischen Wohnort denkst, er ist besser als so manch gedanklicher Wohnort. Darüber werden wir in diesem Abschnitt sprechen.

Wie gut kennst du deinen Bundesstaat?

In diesem Teil des Buches sprechen wir über gedankliche Welten, doch wir sollten dabei auch nicht die Welt, in der wir leben, vergessen. Nachstehend findest du zwei Top-Ten-Listen von amerikanischen Staaten. Diese Staaten sind führend im Hinblick auf zwei Aspekte. Kannst du diese Aspekte erraten?

TOP-TEN-LISTE I

1. Rhode Island
2. North Dakota
3. Wisconsin
4. South Dakota
5. Montana
6. Minnesota
7. Nebraska
8. Wyoming
9. Vermont
10. New Hampshire

[In diesen Staaten gibt es die meisten jugendlichen Trinker (zwischen 18 und 25 Jahren), basierend auf Eigenberichten der Alkoholkonsumenten über einen Zeitraum von 30 Tagen![1]]

TOP-TEN-LISTE II

1. Rhode Island
2. Colorado
3. New Hampshire
4. New Mexico
5. Vermont
6. Arizona
7. Alaska
8. Maine
9. Massachusetts
10. Wyoming

[Dies sind die Top-Ten-Staaten in Bezug auf den Konsum von Kokain bei Jugendlichen zwischen 18 und 25 Jahren innerhalb des Zeitraums von einem Jahr[2]]

KAPITEL 10

Das Land der Verwirrung

Wenn jemand unter euch Weisheit braucht, weil er wissen will, wie er nach Gottes Willen handeln soll, dann kann er Gott einfach darum bitten. Und Gott, der gerne hilft, wird ihm bestimmt antworten, ohne ihm Vorwürfe zu machen. Aber wer ihn fragt, soll auch wirklich mit seiner Antwort rechnen! Denn einer, der zweifelt, ist so aufgewühlt wie eine Meereswoge, die vom Wind getrieben und hin- und hergeworfen wird. Ein solcher Mensch darf nicht erwarten, etwas von Gott zu erhalten, denn er ist unbeständig und schwankt ständig hin und her.

Die Bibel – Jakobus 1,5-8

Wusstest du, dass Gott dir unbedingt Weisheit geben will? Alles was du dazu tun musst, ist, ihn darum zu bitten. Dies scheint doch ganz einfach zu sein: 1. Du brauchst Weisheit und Leitung für dein Leben. 2. Du bittest Gott um Hilfe. 3. Gott gibt dir, was du brauchst.

Doch viele Menschen machen aus diesem einfachen Dreipunkteplan eine unnötig verkomplizierende und wirkungslose Doktorarbeit.

Einige von ihnen bitten Gott zwar um Weisheit, doch fangen sie dann schon einmal an, Sachen selbst in die Hand zu nehmen. Andere beten darum, weiser zu werden, doch ihre Gebete sind halbherzig und voller Zweifel, etwa so: »Gott, ich brauche wirklich Weisheit von dir, damit ich die richtige Entscheidung in Bezug auf die und die Freundschaft treffen kann. Andererseits musst du wahrscheinlich wichtigere Gebete als meins beantworten. Wer weiß, ob du mich überhaupt hörst? Darüber hinaus kann ich mir gar nicht vorstellen, überhaupt jemals weise sein zu können. Das bin einfach nicht ich. Ich mache immer alles kaputt und treffe die falschen Entscheidungen. Ich weiß eigentlich gar nicht, warum ich überhaupt zu dir bete«.

Kennst du auch so ein Gebet? Hast du auch schon einmal angefangen, mit ehrlichem Herzen Gott um Führung zu bitten und dann bemerkt, wie sich dein Gebet nach und nach in ein Gebet voller Zweifel und Unsicherheiten verwandelte?

Lies noch einmal das Ende der Schriftstelle, die am Anfang des Kapitels steht. In der deutschen Bruns-Bibel wird »er ist unbeständig« mit »er hat zwei Seelen in seiner Brust« übersetzt. Hört sich doch an wie ein Horrorfilm, nicht wahr? »Der Mann mit den zwei Seelen.« Und es ist tatsächlich ein Horror, in einer Gemütsverfassung zu leben, die ständig in zwei entgegengesetzte Richtungen gehen will.

Ich kenne diesen Horror. Ich lebte eine lange Zeit meines Lebens als »die Meyer mit den zwei Seelen«. Mir war gar nicht bewusst, dass der Teufel mir den Krieg erklärt hatte und meine Gedanken das Schlachtfeld waren. Mich verwirrte das alles nur und ich wusste nicht, warum.

Ein vernünftiger Vorschlag

Was meine Verwirrung noch vergrößerte, war, dass ich vermehrt versuchte, die Dinge logisch zu erklären. Ja, du hast richtig gelesen. Natürlich ist das logische Nachdenken etwas Gutes, aber nicht immer. Vielleicht kommst du bei dieser Aussage nicht ganz mit, doch verwirf sie nicht gleich. Ich habe Gründe dafür, warum ich dich warne, nicht zu sehr auf dein logisches Denkvermögen zu vertrauen. Und ich glaube, du wirst sie auch vernünftig finden.

Wir versuchen Dinge logisch zu erfassen, wenn wir nach dem »Warum« fragen. Das ist bei Fragen wie »Warum ging der Rauchmelder an?« oder »Warum macht der Motor meines Autos so merkwürdige Geräusche?« sicherlich sinnvoll.

In anderen Situationen jedoch kann der Teufel unser logisches Denkvermögen gegen uns verwenden. Wenn Gott dich vielleicht dahin leitet, etwas zu tun und dies dir aber nicht logisch erscheint und keinen Sinn macht, dann kann es sein, dass du seine Aufforderung nicht beachtest. Die Bibel warnt uns, dass, wenn wir nicht offen für Gottes Geist sind, uns die Dinge Gottes unsinnig erscheinen (1. Korinther 2,14).

Folgendes Beispiel hilft dir womöglich, dieses Prinzip zu verstehen. Vielleicht hast du den Film »Karate Kid« gesehen. Weißt du noch, als Mr Miyagi anfing, seinen Schüler Daniel in den Kampfkünsten zu unterrichten? Er hat ihn nicht mit in eine Karateschule genommen, um ihm dort einige Schläge und Tritte zu zeigen. Stattdessen musste er einen Zaun streichen, einen Fußboden abschleifen und ein Auto waschen.

Verständlicherweise war Daniel darüber ärgerlich. Er dachte logischerweise: »Das macht gar keinen Sinn. Ich will Karate lernen und nicht, wie man Arbeiten im Haus verrichtet. Vielleicht nutzt der alte Miyagi mich nur aus, damit er jemanden hat, der die Arbeit für ihn erledigt«.

Doch in Wirklichkeit waren die Arbeiten, die Miyagi sich für Daniel ausdachte, Übungen zum Kraftaufbau, zur Formverbesserung und Disziplinierung. Nur so konnte er ein großer Kämpfer werden. Hätte Daniel seinen logischen Schlussfolgerungen mehr als seinem Lehrer vertraut, wäre er nie der herausragende Karate Kid geworden, der er gerne sein wollte.

Vielleicht hast du auch schon die Geschichte von dem kleinen Jungen gehört, der im zweiten Stock eines brennenden Gebäudes gefangen war. Der Vater stand unter dem Fenster und flehte seinen Sohn an, doch aus dem Fenster zu springen. Doch der Junge konnte seinen Vater wegen des ganzen Rauchs nicht sehen und wollte nicht springen. Es schien ihm unvernünftig, dorthin zu springen, wo er nichts sehen konnte. Erst als der Junge seinem Vater mehr als seinem eigenen Urteilsvermögen vertraute, sprang er und war gerettet.

Wenn wir lernen, unser logisches Denken mit dem Gehorsam des Geistes in Einklang zu bringen, wird das Einfluss auf unser Leben haben; manchmal großen und manchmal kleinen.

Eines Morgens machte ich mich für eine wöchentliche Veranstaltung fertig, in der ich predigen sollte. Eine Frau kam mir in den Sinn, die für die praktischen Hilfsdienste zuständig war, welche immer für die Veranstaltung gebraucht wurden. Sehr treu hatte sie immer alle Aufgaben erledigt und in meinem Herzen wuchs der Wunsch: Ich möchte ihr etwas Gutes tun und sie damit segnen.

Ich betete: »Vater, Ruth Ann war für uns die ganzen Jahre lang so ein Segen. Womit kann ich sie segnen?«

Sofort blieben meine Augen an einem roten Kleid hängen, das in meinem Schrank war, und ich fühlte, wie der Herr mich drängte, es ihr zu schenken.

Zuerst einmal etwas zu dem Kleid: 1. Ich hatte es drei Monate zuvor gekauft und noch nie getragen. Es war immer noch original verpackt. 2. Ich mochte dies Kleid wirklich sehr, doch jedes Mal, wenn ich es anziehen wollte, entschied ich mich doch für etwas anderes.

Es wäre doch ein Kinderspiel gewesen, dieses Kleid Ruth Ann zu schenken, richtig?

Falsch. Die beiden Seelen in mir tobten. Die eine stahl die von Gott geschenkte Idee. Anstatt Ruth Ann einfach mit der Gabe, die Gott mir so wunderbar vor Augen geführt hatte, eine Freude zu machen, schaltete ich mein logisches Denken ein …

»Ich hatte noch nicht einmal die Möglichkeit, dieses Kleid zu tragen und ich mag es wirklich sehr.«

»Das Kleid war sehr teuer. Sollte ich es nicht zumindestens erst mal selbst tragen?«

»Ich habe mir extra rote und silberne Ohrringe gekauft, die genau dazu passen.«

Zu guter Letzt überzeugte ich mich mit meiner Logik selbst davon, dieser Person, die es wirklich verdient hätte, nichts Gutes zukommen zu lassen. Innerhalb von ein paar Minuten hatte ich das Ganze schon wieder vergessen und ging meinen Alltagspflichten nach.

Wochen später machte ich mich für eine andere Veranstaltung fertig, die am gleichen Ort stattfinden sollte. Wieder kam mir Ruth Anns Name in den Sinn. So betete ich fast genau das gleiche Gebet wie zuvor und fragte Gott, wie ich Ruth Ann segnen konnte. Ich beendete mein Gebet – und sah das Kleid. Ich fühlte die schwere Last der Schuld. Ich erinnerte mich an das Mal zuvor und war bestürzt, wie schnell ich es wieder vergessen hatte.

Dieses Mal wollte ich mich nicht mehr von meiner Logik überzeugen lassen. Ich stand der Tatsache gegenüber, dass nämlich Gott selbst mir zeigte, was ich tun sollte. Die Entscheidung lag bei mir. Entweder tat ich das, was er sagte, oder ich würde einfach stumpf sagen: »Ich weiß, was du mir zeigst, Herr, aber ich werde es ganz einfach nicht tun.« Und ich liebe den Herrn zu sehr, als dass ich ihm willentlich und wissentlich nicht gehorchen würde.

Als ich über diese Situation betete, erkannte ich, dass die Bibel uns nicht anweist, nur unsere alten Klamotten zu verschenken. Natürlich war es ein größeres Opfer, ein neues und teures Kleid wegzugeben, doch gleichzeitig bedeutete das ja auch, dass dieses Geschenk ein noch größerer Segen für Ruth Ann war. Gott zeigte mir, dass ich das Kleid in Wirklichkeit für Ruth Ann gekauft hatte. Deshalb hatte ich es auch noch nicht getragen. Der Herr wollte mich die ganze Zeit über als seinen Stellvertreter gebrauchen, um Ruth Ann seine Güte zu zeigen. Doch ich klebte an meinen eigenen Ideen, bis ich sie schließlich niederlegen wollte und mich durch Gottes Geist führen ließ.

Ich habe herausgefunden, dass Gott möchte, dass ich ihm gehorche, egal ob ich mich danach fühle oder nicht oder ob ich das für eine gute Idee halte oder nicht. Wenn Gott spricht, möchte er, dass ich mich in Bewegung setze und nicht erst anfange, logisch darüber nachzusinnen.

Übrigens, vielleicht interessiert es dich, ob ich Ruth Ann am Ende noch das Kleid geschenkt habe. Ja, das habe ich. Mittlerweile arbeitet sie vollzeitig in unserem Büro und manchmal trägt sie das Kleid zur Arbeit. Sie sieht toll damit aus.

Auf wen verlässt du dich?

Vertraue auf den HERRN mit deinem ganzen Herzen
und stütze dich nicht auf deinen Verstand!

Die Bibel – Sprüche 3,5

Es ist regelrecht bezeichnend, dass dieser Vers aus den Sprüchen sowohl das Herz als auch den Verstand nennt. Der Verstand und der Geist arbeiten zusammen, um den Menschen bei der Nachfolge Gottes zu helfen. Mit deinem Verstand liest du gerade diese Worte und gleichzeitig (so hoffe ich) berührt dieses Buch auch dein Herz, deinen Geist.

Probleme entstehen dann, wenn die Menschen ihren Verstand über ihren Geist erheben. Dem Geist gebührt mehr Ehre und deshalb sollte er immer höher stehen als der Verstand.

Nehmen wir einmal an, du stehst kurz vor einer Abschlussprüfung. Ein Mitschüler hackt sich in die Schuldatenbank ein, findet die Antworten und emailt sie an jeden aus der Klasse. Dein Geist sagt dir, dass dieser Betrug falsch ist. In deinem Geist, in deinem Inneren, fühlst du diesen magnetischen Drang, das Richtige zu tun.

Aber was passiert, wenn wir noch einmal darüber nachdenken und uns logisch damit auseinandersetzen?

»Wenn jeder die Antworten hat, dann kann man nicht mehr wirklich von Betrug sprechen. Von Betrug spricht man dann, wenn du einen ungerechten Vorteil gegenüber den anderen Schülern hast. Aber das ist hier nicht der Fall.«

»Ich brauche in dieser Prüfung eine echt gute Zensur. Dann bekomme ich auch einen guten Notendurchschnitt, der mir wiederum zu einem Stipendium verhelfen wird. Dann brauche ich meinen Eltern nicht finanziell auf der Tasche liegen.«

»Die Lehrerin ist sowieso schrecklich. Ich hasse ihren Unterrichtsstil – er macht mir das Lernen schwer. Das ist wenigstens ein Ausgleich dafür.«

»Wenn ich der Einzige bin, der nicht schummelt, dann ist das mir gegenüber nicht fair. Warum sollte nur ich hier der Leidtragende sein?«

»Ich bin ein guter Schüler. Wenn ich nicht betrüge, werde ich die schlechteste Zensur der ganzen Klasse bekommen und mein Lehrer wird dann misstrauisch werden. Ich wäre dann schuld, wenn die anderen Ärger bekommen. Ich muss eigentlich auch schummeln oder das Ganze wird mit großem Getöse auffliegen.«

Siehst du, was passieren kann, wenn wir es unserem logischen Denken erlauben, das, was Gott uns auf unser Herz gelegt hat, zu umgehen und ihm nicht zu folgen? Erkennst du die mentale Gymnastik, die wir uns auferlegen können?

Ich weiß nicht, wie es bei dir ist, doch ich möchte die Dinge von Gott so offenbart bekommen, dass ich in meinem Geist weiß, was zu tun ist. Ich möchte mich gedanklich nicht immer wieder im Kreis drehen, um ein Thema oder ein Problem herum, bis mir schwindelig ist und ich nicht mehr kann. Ich möchte erleben, wie meine Seele zur Ruhe kommt, wenn ich auf Gott und nicht auf meinen eigenen Verstand vertraue.

Wir, du und ich, müssen auf unserer geistlichen Reise weiter vorwärtsgehen, bis wir den Ort erreicht haben, an dem wir zufrieden sind, weil wir den kennen, der alles weiß, auch wenn wir es selbst nicht wissen.

KAPITEL 11

Das Land mit Orten voller Zweifel und Unglaube

Auf den ersten Blick scheint es, als handele es sich bei diesen »Orten« um ein und dasselbe Gebiet. Sind Zweifel und Unglaube nicht das Gleiche?

Sie sind miteinander verwandt. Sie sind gefährliche Orte, zu denen Satan dich gerne hindrängen würde. Wir wollen uns einmal den Zweifel und den Unglauben näher ansehen, damit du genau weißt, wohin du gelockt werden sollst.

Was Zweifeln bedeutet

Ein großartiges Nachschlagewerk ist das Wörterbuch zum Neuen Testament von Vine »An Expository Dictionary of New Testament Words«. Hier steht, dass das Verb zweifeln Folgendes bedeutet: »unschlüssig sein … unsicher sein, welcher Weg einzuschlagen ist … ängstlich sein aufgrund einer inneren Verwirrung, ein Hin- und Herschwanken zwischen Hoffnung und Furcht.«[1]

Hier ist eine Geschichte, die diese Definition verständlich macht:

Ein kranker Mann wollte geheilt werden. Deshalb betete er und zitierte Bibelverse, die mit Heilung zu tun hatten. Er glaubte, dass er geheilt werden würde. Doch immer wieder kamen Zweifel auf. Diese Anspannung war für ihn sehr entmutigend.

Doch Gott gestattete ihm einen Blick in die geistliche Welt. Dabei sah der Mann Folgendes: Ein Dämon schleuderte ihm Lügen entgegen und sagte zu ihm: »Du wirst niemals geheilt werden. Dieses ganze Aufsagen von Bibelversen wie Zaubersprüche wird dir nicht helfen!«

Doch der Mann sah auch, dass jedes Mal, wenn er Gottes Wort proklamierte, ein Licht wie ein Schwert aus seinem Mund kam und den Dämon in die Knie zwang, sodass er rückwärts taumelte.

Diese Vision hinterließ bei dem Mann einen bleibenden Eindruck. Ihm wurde bewusst, dass es wichtig war, Gottes Wort auszusprechen, weil es eine Wirkung hatte. Und diese Tatsache, dass es etwas bewirkte, veranlasste den Dämon, Zweifel zu benutzen, um den Mann davon abzuhalten. Zweifel gehören zu den Werkzeugen, die der Feind gerne verwendet. Sie kommen nicht von Gott.

Die Bibel verheißt uns, dass Gott jedem sein persönliches Maß an Glauben schenkt (Römer 12,3). Er gibt uns Glauben ins Herz und der Feind versucht diesen Glauben durch Zweifel zu attackieren und zu vernichten. Deshalb ist es so wichtig, die Bibel zu kennen und zu verstehen, wichtige Bibelverse auswendig zu lernen und zu wissen, wo glaubensstärkende Abschnitte zu finden sind. Wenn wir Gottes Wort in seiner Tiefe verstehen, werden wir die Lügen des Teufels, die er in unsere Gedanken einpflanzen will, entdecken.

Unglauben aufdecken

Wenn man zweifelt, ist der Glaube vermischt mit einem Infragestellen und einer gewissen Unsicherheit. Bei Unglauben jedoch handelt es sich um fehlenden Glauben. Unglaube kann sich sogar zu einer völligen Ablehnung des Glaubens entwickeln. Unglaube ist ein gefährlicher Ort, an den man sich besser nicht verirren sollte, und tatsächlich kann man das auch verhindern.

Erinnerst du dich an die Geschichte von Abraham, wie Gott diesem Hundertjährigen (mit einer fast ebenso alten Frau) versprach, dass er Vater von vielen Nationen werden würde? Abraham hörte Gottes Verheißung und wurde nicht schwach im Glauben, obwohl ihn der Geist des Unglaubens wie ein Schwarm wütender Bienen angriff.

Als Abraham der Versuchung, Gottes Verheißung zu misstrauen, widerstand, wurde er sogar stärker im Glauben. Die Schrift berichtet davon, wie er sich regelrecht im Glauben gestärkt fühlte. Das ist ein wichtiger Punkt. Siehst du, wenn Gott uns etwas sagt oder uns bittet, etwas zu tun, dann gibt er uns auch den Glauben und den Mut, damit wir das ausführen können. Er schickt dich nicht ohne Waffen oder irgendeine Verteidigungsmöglichkeit in den Kampf und sagt dabei schulterzuckend: »Nun, Alter, ich würde an deiner Stelle nicht so unvorbereitet in den Kampf gehen wie du! Trotzdem viel Glück. Lass mich wissen, wie es war.«

Stattdessen gibt Gott uns die Fähigkeit zu glauben, dass wir das tun können, was zu tun ist. Wenn wir uns ihm und seinem Wort zuwenden, um Weisheit und Kraft zu empfangen, dann hilft er uns, damit wir stärker werden. Das lässt Satan völlig ausflippen. Er weiß ganz genau, wie gefährlich eine Person sein kann, deren Herz mit Glauben gefüllt ist. Deshalb setzt er auch alles daran, unseren Glauben zu schwächen. Deshalb lügt er uns an und versucht damit, uns vom Glauben abzuhalten. Und diese Lügen können sehr überzeugend sein.

Ich möchte dir einmal erzählen, wie es war, als ich meinen Ruf von Gott in den Dienst erhielt. Es geschah an einem ganz normalen Morgen. Ich war drei Wochen zuvor mit dem Heiligen Geist erfüllt worden und wollte unbedingt im Glauben wachsen. Ich hörte eine Predigtkassette von Pastor Ray Mossholder. Die Kassette hatte den Titel: »Geh hinüber auf die andere Seite.« Während ich die Kassette hörte, konnte ich es kaum glauben, dass jemand eine Stunde lang über eine Bibelstelle sprechen konnte, ohne langweilig zu sein, und mir ging das Herz auf.

Als ich später mein Bett machte, spürte ich in mir ein unbändiges Verlangen, auch Gottes Wort zu predigen. Dann hörte ich, wie der Herr zu mir sprach: »Du wirst mein Wort an den unterschiedlichsten Orten predigen und wirst viele Predigtkassetten herausbringen.«

Wenn du mich damals gekannt hättest, wärst du mit mir einer Meinung gewesen: Es gab keine logische Erklärung dafür, dass dieses Drängen wirklich von Gott kam oder dass ich der Aufgabe gewachsen war. Ich hatte viele Probleme. Ich machte nicht den Anschein, irgendwie diensttauglich zu sein. Doch die Bibel sagt uns, dass Gott das nehmen kann, was in den Augen der Menschen schwach und dumm ist (1. Korinther 1,27), und es gebraucht, um die Klugen zu beschämen. Und er sieht das Herz an und nicht unsere äußere Erscheinung (1. Samuel 16,7).

Auch wenn es an der ursprünglichen, äußerlichen Joyce Meyer nichts gab, was ich als Zeichen nehmen konnte, Gottes Vision für mein Leben und dem Wunsch, den er in mich hineingepflanzt hatte, zu glauben, verließ ich mich dennoch auf seine Verheißungen, wie in 1. Korinther und 1. Samuel. Ich war voller Glauben, dass ich das tun konnte, was der Herr für mich geplant hatte. Ich widerstand der Versuchung, Gottes Führung anzuzweifeln. Wenn Gott ruft, gibt er dir den Wunsch, den Glauben und die Fähigkeit, seinem Ruf zu folgen.

Ich reagierte auf meine Berufung, indem ich viele Jahre in mein Studium und in meine Ausbildung investierte. Ich wartete auf den richtigen Moment, um mit meinem Dienst zu beginnen. Während dieser Zeit griff der Teufel mich regelmäßig mit Zweifeln und Unglauben an. Die Vision, die Gott für mein Leben hatte, war mir wie ein Same ins Herz gesät, genau so, wie du vielleicht Samen in deinem Garten aussäst. Während der Same keimt und im Boden wächst, arbeitet der Satan hart daran, damit du ihn wieder ausgräbst. Er erzählt dir, dass er nie wachsen wird. Oder wenn er wächst, wird er eine kümmerliche und kränkelnde Pflanze werden, die dir peinlich sein wird. Deshalb kannst du ihn eigentlich auch gleich wieder ausgraben oder wenigstens ignorieren und ihn nicht wässern oder düngen.

Wenn du auf dem Wasser gehen willst, komm aus dem Boot heraus!

Wenn du früher in den Kindergottesdienst gegangen bist, kennst du wahrscheinlich die folgende Geschichte: Jesu Jünger sind in einem Boot, weit weg vom Land, als sie in einen schweren Sturm geraten. Der Wind und das Meer treiben das Boot vor sich her wie eine kleine Nussschale.

Irgendwann zwischen 3.00 und 6.00 Uhr morgens kommt Jesus auf sie zu. Er geht auf dem Meer. Obwohl die Jünger harte und seetüchtige Kerle sind, fangen sie an zu schreien wie kleine Babys. Sie glauben, dass Jesus so eine Art Seegeist ist, der ihnen einen Schrecken einjagen will.

Doch Jesus ruft ihnen zu, während sie noch schreien: »Fasst Mut. Ich bin es. Habt keine Angst.«

Petrus, der wahrscheinlich der impulsivste der Jünger war, ruft zurück: »Herr, wenn du es bist, dann sag mir, dass ich zu dir über das Wasser kommen soll.«

Jesus gibt ihm dazu die Erlaubnis und Petrus klettert aus dem Boot und beginnt zu seinem Erstaunen auf dem Wasser zu gehen, hin zu Jesus. Doch dann kommt Panik in ihm hoch wegen des starken Windes und der tobenden See. Er beginnt, unterzugehen und glaubt, er werde nun ertrinken.

Doch Jesus streckt schnell seine Hand nach Petrus aus. Er ergreift dessen Hand und holt ihn heraus. »Du Kleingläubiger«, sagt er, »warum hast du gezweifelt?«

Dann gehen Petrus und Jesus wieder ins Boot. Während sie das tun, beruhigt sich das Meer wieder und Petrus' Nerven auch!

Wir können von dieser Begebenheit viel lernen. Petrus brauchte Glauben, um aus dem Boot auszusteigen. Immerhin wollte sonst keiner der anderen Jünger diesen Extremsport »Wildwasser-Spaziergang-am-frühen-Morgen« betreiben.

Doch dann machte Petrus einen Fehler. Er begann, sich auf den Sturm um ihn herum zu konzentrieren und nicht mehr auf den Retter, der direkt vor ihm war. Zweifel und Unglaube drängten sich ihm auf und es riss ihn in die Tiefe wie einen Skateboard-Anfänger, der auf einer Halfpipe fahren will.

Wenn Stürme in dein Leben kommen, sei stark. Vertraue Gottes Verheißungen und seiner immerwährenden Liebe zu dir. Der Teufel bringt Stürme in dein Leben, um dich einzuschüchtern und dir ordentlich Angst einzujagen. Er will, dass du dich auf die Umstände konzentrierst, auf die »Tatsachen«, und nicht auf die Vision, die Gott für dein Leben hat. Doch Gottes Vision ist größer als irgendwelche Umstände!

Folgendes Beispiel illustriert gut, was ich meine. Ein Freund von mir geriet durcheinander, als er seinen Abschluss auf einem Bible College gemacht hatte. Gott hatte ihm den tiefen Wunsch ins Herz gegeben, eine Kirche in St. Louis, Missouri, aufzubauen. Als er so über seinen Ruf nachdachte, kamen ihm auch seine schwangere Frau und sein Kind in den Sinn. Seine ganzen finanziellen Mittel, um die Kirche aufzubauen, waren die ungefähr fünfzig Dollar, die er in der Tasche hatte.

Die Umstände schienen ihn nicht dahin zu führen, eine Gemeinde zu leiten. Mittlerweile hatte er attraktive Jobangebote von zwei großen, gut etablierten Missionswerken bekommen.

Das Gehalt war in beiden Fällen gut und es gab viele verlockende Möglichkeiten. Darüber hinaus war ihm bewusst, dass es eine Ehre und auch wirklich gut für seinen Lebenslauf wäre, wenn er für eines dieser Werke arbeitete.

Mein Freund dachte über seine drei Arbeitsmöglichkeiten nach und je mehr er darüber nachdachte, umso verwirrter wurde er. Seine Gedanken erlitten einen Sturmangriff des Zweifels. Er hatte zwar direkt nach seinem Abschluss tief im Inneren genau gewusst, was er machen sollte, doch nun schwankte er unentschlossen hin und her. Sein Leben und seine finanzielle Lage sprachen nicht dafür, seinem ursprünglichen Vorhaben zu folgen. Die zwei anderen Angebote waren sehr verführerisch. Was war für ihn das Richtige?

Er beschloss, einen Pastor von einem der christlichen Werke um Rat zu bitten. Der Mann gab ihm einen weisen Ratschlag: »Zieh dich an einen ruhigen Ort zurück und schalte deinen Kopf ab. Schau in dein Herz, schau dir an, was du dort vorfindest und dann tu es!«

Er folgte dem Rat des Pastors und so spürte mein Freund sehr schnell, dass sein Herz eigentlich für St. Louis und für die Kirche, die er dort aufbauen wollte, schlug. Er hatte zwar keine Ahnung, wie er mit nur fünfzig Dollar eine Kirche aufbauen sollte, doch er folgte Gottes Ruf.

Heute ist mein Freund Gründer und Hauptpastor einer großen Kirche und hat einen weltweiten Missionsdienst. Durch diese Kirche wurden Tausende von Menschen gesegnet und ihr Leben verändert. Ich diente in dieser Gemeinde fünf Jahre lang als zweite Pastorin, und mein »Life in the Word«-Dienst hat dort seinen Anfang gefunden, als ich mit diesem Freund zusammenarbeitete.

Es ist wirklich wunderbar zu beobachten, was geschieht, wenn wir Gott folgen und unsere Gedanken bewachen, damit Zweifel und Unglaube keinen Einlass finden.

Gott hat einen wirklich guten Plan für dein Leben. Lass den Teufel nicht dein Leben in Beschlag nehmen. Gestatte ihm nicht, den Frieden und all das Schöne, was Gott für dich bereit hat, zu stehlen. Um dieses Ziel zu erreichen, musst du dem Teufel in den Hintern treten. Genau so meine ich es, du hast mich schon richtig verstanden.

In 2. Korinther 10,4-5 steht: *Denn die Waffen unsres Kampfes sind … mächtig im Dienste Gottes, Festungen zu zerstören. Wir zerstören damit Gedanken [Argumente] und alles Hohe [jeden Anspruch], das [der] sich erhebt gegen die Erkenntnis Gottes, und nehmen gefangen alles Denken in den Gehorsam gegen Christus* (Luther und Amplified).

Schau dir einmal die erklärenden Worte in dieser Schriftstelle genauer an. Du sollst die Argumente und jeden Anspruch des Teufels zerstören. Keinen Stein sollst du auf dem anderen lassen. Und kein Gedanke kann diesem Kampf entfliehen. Du nimmst dir jeden vor und bringst ihn unter den Gehorsam gegen Christus.

Das mag vielleicht alles extrem klingen, doch vergiss nicht, es ist Krieg und du kannst einen Krieg nicht einfach mittendrin abbrechen.

KAPITEL

12

Das Land der Sorgen

Vielleicht weißt du nun, wie man die Feinde Zweifel und Unglauben bezwingt. Darum ging es im vorherigen Kapitel. Doch das heißt nicht, dass der Kampf um deine Gedanken damit vorbei ist. Der Teufel hat andere gefährliche Orte, an die er dich mitnehmen will. In diesem Kapitel schauen wir uns einmal einen eher unscheinbaren, aber dennoch gefährlichen Ort näher an: die Sorgen.

Du hast von Menschen gehört, die abhängig von Alkohol, Zigaretten, Methamphetamin sind oder unter Spielsucht, Fresssucht, Sexsucht und einer Vielzahl anderer Dinge leiden. Doch hast du gewusst, dass man auch von Sorgen abhängig sein kann? Du hast richtig gehört, es gibt Menschen, die süchtig danach sind, sich über ihr Leben Sorgen zu machen. Und wenn sie bei sich nichts finden, worüber sie sich Sorgen machen können, dann fangen sie an, sich um ihre Freunde, Verwandten und Nachbarn zu sorgen. Woher ich das weiß? Ich war selbst davon abhängig, mich sorgen zu müssen und deshalb weiß ich, worüber ich spreche, wenn ich diesen Zustand beschreibe.

Es gab eine Zeit in meinem Leben, in der ich mir *ständig* Sorgen machte. Es gab immer etwas, was mich beunruhigte. Deshalb empfand ich nie den Frieden, den Jesus mir durch seinen Tod am Kreuz eigentlich geben wollte. Es ist unmöglich, sich zu sorgen und gleichzeitig inneren Frieden zu haben. Denk einmal darüber nach: *Sich sorgen* wird als sich unbehaglich, aufgewühlt, ängstlich oder bekümmert fühlen definiert. Es kann auch bedeuten, von quälenden Bedenken geplagt zu werden. Ich habe auch schon die Definition gehört, dass man sich selbst mit beunruhigenden Gedanken quält, wenn man sich sorgt.

Die letzte Worterklärung war für mich ein Schlüssel. Sie half mir nachdrücklich bei meiner Entscheidung, nämlich dass ich zu klug bin, *mich selbst* zu quälen. Ich glaube, jeder Christ ist eigentlich zu schlau ist, um in diese Falle zu gehen. Wir müssen uns nur vor Augen halten, dass sich sorgen nie irgendeine Situation verbessert. Niemals! Also, warum dann Zeit damit verschwenden, sich Sorgen zu machen?

Sorgen haben die Eigenschaft, zeitverschwendend und energieraubend zu sein. Das macht sie zu einer effektiven Waffe für Satan. Wenn der Teufel deine Gedanken mit Sorgen belagern kann, dann wirst du deinen Verstand nicht mehr produktiv nutzen können, um in Bahnen zu denken, die Gott ehren.

Jesus warnte vor diesen Sorgen. In Matthäus 6,25-27 gibt er uns die Anweisung: *Deswegen sage ich euch: Sorgt euch nicht um euer Leben und darum, dass ihr etwas zu essen habt, noch um euren Leib und darum, dass ihr etwas anzuziehen habt. Ist nicht das Leben wichtiger als die Nahrung und der Leib wichtiger als die Kleidung?*

Seht euch die Vögel des Himmels an: Sie säen nicht, sie ernten nicht und sammeln keine Vorräte in Scheunen; euer himmlischer Vater ernährt sie. Seid ihr nicht viel mehr wert als sie?

Wer von euch kann mit all seiner Sorge sein Leben auch nur um eine kleine Zeitspanne verlängern? (Einheitsübersetzung).

Vielleicht täte es uns allen hin und wieder einmal gut, die

Vögel zu beobachten, wie uns der Herr anweist. Wir sollten uns ansehen, wie gut für unsere gefiederten Freunde gesorgt wird. Sie haben keine Ahnung, wo sie ihre nächste Mahlzeit finden werden oder wann. Und doch habe ich noch nie einen Kardinalvogel in St. Louis gesehen (ich meine tatsächlich den Vogel und nicht einen Baseballspieler der berühmten St.-Louis-Cardinal-Mannschaft), der auf einem Ast saß und vor lauter Sorgen einen Nervenzusammenbruch erlitt.

Ich weiß, dass viele Teenager mit einem geringen Selbstbewusstsein zu kämpfen haben, dennoch bin ich mir ganz sicher, dass du dich für wertvoller als einen Vogel hältst, richtig? Schau dir einmal an, wie gut sich Gott um ihn kümmert. Viel mehr noch erfreut es – richtig, erfreut es – unseren himmlischen Vater, seinen Kindern Gutes zu tun. Doch werden wir diese Dinge nicht empfangen oder uns an ihnen erfreuen können, wenn wir von Sorgen belagert sind. Wenn wir voll damit beschäftigt sind, uns um das Morgen zu sorgen, können wir das Heute nicht leben und feiern.

Der Autor Max Lucado nannte eines seiner Bücher »Grace for the moment« – »Gnade für den Moment«. Das ist wirklich ein guter Titel, denn so wirkt Gottes Gnade in unserem Leben. Gottes Gnade ist immer da, um uns dabei zu helfen, mit dem *Jetzt* zurechtzukommen, gerade in diesem Moment. Seine Gnade für morgen wird morgen dann auch da sein, wenn wir sie brauchen.

Wir haben gesehen, dass das Land der Sorgen ein schlechter Ort ist, doch wie und mit welchen Mitteln können wir vermeiden, dort hinzukommen? Hier sind ein paar wirklich wirkungsvolle Waffen:

1. *Sprich das Wort Gottes aus.* Ich empfehle sehr, das Worte aus der Bibel laut auszusprechen, wenn Sorgen in dein Territorium eindringen. Vielleicht denkst du, dies entspricht nicht deinem Stil, oder vielleicht findest du es auch merkwürdig, einen Bibelvers laut zu lesen oder aufzusagen. Doch versuch

es. Immerhin wird die Bibel auch als Schwert bezeichnet und ein Schwert kann dir erst dann bei einem Angriff helfen, wenn du es aus der Scheide ziehst. Vielleicht willst du dich selbst mit dem Wort aus 1. Petrus 5,7 ermutigen:

Alle deine Sorgen wirf auf ihn [alle deine Befürchtungen, alle deine Sorgen, alle deine Anliegen, ein für alle Mal], denn er sorgt für dich liebevoll und wachsam (Amplified). Sage dabei diese beiden Worte mit besonderem Nachdruck:

Liebevoll: Gott umsorgt dich und liebt dich dabei aufrichtig. Er sorgt nicht für dich, bloß weil das seine Aufgabe und Pflicht wäre. Er mag dich. Er liebt dich.

Wachsam: Er sorgt sehr gewissenhaft für dich. Er nickt nicht ein und er lässt sich auch nicht ablenken, wenn ein paar Engel zu laut Volleyball spielen. Seine liebenden Augen folgen dir, wo auch immer du hingehst.

2. *Wirf deine Sorgen auf Gott.* Der Teufel wird alles dransetzen, um dir Sorgen und Stress zu bereiten, doch zum Glück bist du nicht verpflichtet, daran festzuhalten. Erinnerst du dich an den Vers, in dem es um »Wirf alle deine Sorgen auf Gott« geht? Als du den gelesen hast, hast du dir »werfen« vielleicht so vorgestellt, dass man es Gott zu Füßen legen soll. Das ist eine schöne Vorstellung, doch das meint Gott hier nicht. Hier bedeutet es, seine Sorgen wie Bälle wegzuschleudern. Kleb nicht an deinen Sorgen. Sag auch nicht: »Das nächste Mal, wenn ich in die Gemeinde oder in meine Jugendgruppe gehe, werde ich meine Sorgen an Gott abgeben. Vielleicht werde ich sie symbolisch vorne im Altarraum ablegen.« Warte nicht. Nimm sie auf und feure sie in Gottes Richtung. Glaube mir, er kann sie auffangen und er weiß auch, was mit ihnen zu tun ist.

3. *Finde Ruhe beim Herrn.* Zwei Künstler wurden gebeten, Bilder zu malen, die Frieden ausdrücken. Der eine malte eine ruhige Landschaftsidylle um einen See herum. Der andere

malte einen Ast, der über einen tosenden und tobenden Wasserfall ragte. In diesem Ast hockte ein Vogel in seinem Nest, der in seinem Zuhause Ruhe und Sicherheit fand. Es schien, als ob der Vogel verstand, dass er in seinem Nest sicher vor der Gefahr unter ihm war.

Welches Bild bringt Frieden und Ruhe besser zum Ausdruck? Das zweite. Sieh es einmal so: Das erste Bild ist statisch und unbeweglich. Das zweite stellt wirklich Frieden dar, denn es gibt keinen Frieden ohne Widerstand. Gott wird nicht alle Widerstände aus deinem Leben wegräumen, doch er kann dir mitten in dem ganzen Lebenssturm Ruhe und Frieden geben. Deshalb ruhe in Gottes Liebe und in seinem Plan für dein Leben. Er wird deine Bedürfnisse stillen.

KAPITEL 13

Das Land des Verurteilens

Ich kannte eine Frau, die mit einem reichen Geschäftsmann verheiratet war. Der Mann war ein ruhiger Vertreter und seine Frau wollte, dass er sich aufgeschlossener verhielt. Er war in vielen Bereichen sehr sachkundig und seine Frau wurde immer sehr ärgerlich, wenn sie mit Freunden ausgingen und er nichts zur Unterhaltung beitrug, nicht mal dann, wenn es sich um ein Thema drehte, bei dem er sich sehr gut auskannte.

Eines Abends kam das Ehepaar von einer Party zurück und seine Frau nahm ihn auseinander. »Warum hast du heute Abend nichts gesagt? Du hast nur so dagesessen, wie ein Dummkopf! Unsere Freunde werden dich für blöd und uninformiert halten. Du hast dich benommen, als wüsstest du rein gar nichts!«

Der Mann antwortete: »Ich weiß ja schon, was *ich* weiß. Ich versuche, still zu sein und zuzuhören, damit ich herausfinden kann, was andere wissen.«

Ich glaube, das ist auch der Grund, warum dieser Mann reich ist. Er ist weise und ein paar wenige Menschen werden durch Weisheit reich. Dieser Mann wollte einfach nur dasitzen und zuhören, was die anderen wussten, was sie dachten, ohne sie zu verurteilen oder ihre Haltung zu einem Thema zu kritisieren.

Ich war früher eine kritische Person. Ich war fast immer in der Lage, etwas Schlechtes in einer Situation oder bei einer Person zu sehen – anstatt das Gute. Es gibt Persönlichkeitstypen, die es leichter haben, immer die Fehler der anderen zu sehen. Diejenigen, die sehr kontrollierende Menschen sind, sehen häufig erst das Negative und teilen ihre Kritik gerne anderen mit.

Ich musste, wie wir alle, erkennen, dass jeder Mensch anders ist. Was für mich richtig ist, mag für meine Freundin nicht der richtige Weg sein. Ich spreche hier nicht von allgemeingültigen Dingen wie »Liebe den Herrn, deinen Gott«, sondern ich meine die Tausende von persönlichen Entscheidungen, die wir Menschen täglich zu treffen haben. Die Menschen haben ein Recht darauf, diese Entscheidungen zu treffen, ohne von außen beeinflusst zu werden.

Mein Mann und ich sehen viele Dinge sehr unterschiedlich, wie zum Beispiel die Frage, wie unser Haus eingerichtet werden soll. Wenn wir Dinge für unseren Haushalt kaufen, dann mag Dave fast immer das eine und ich mag etwas anderes. Warum? Ganz einfach. Weil wir zwei unterschiedliche Menschen sind. Seine Meinung ist genauso gut wie meine und anders herum gilt das auch.

Das scheint vielleicht einfach zu sein, doch ich brauchte Jahre, bis ich wirklich verstand, dass Dave nicht irgendwie merkwürdig war, nur weil er nicht immer mit mir übereinstimmte. Und ich war alles andere als zurückhaltend, wenn ich anderen mitteilte, wie sehr mein Mann meiner Meinung nach falsch lag. Aufgrund meiner inneren Einstellung war zwischen uns immer eine gewisse Spannung, die unserer Beziehung nicht guttat.

Verurteilung und Kritik sind Früchte eines viel tiefer gehenden Problems, nämlich Stolz. Die Bibel warnt uns mehrfach davor, hochmütig zu werden und eine zu hohe Meinung von uns selbst zu haben. Wenn wir stolz sind, dann neigen wir dazu, auf andere herabzusehen und sie für weniger als uns selbst zu achten. Ganz einfach gesagt: Gott hasst diese innere Einstellung.

In Galater 6,3 steht: *Denn wenn jemand meint, etwas zu sein, während er doch nichts ist, so betrügt er sich selbst* (Elberfelder).

Nehmen wir einmal an, einer deiner Nachbarn kommt an deine Tür und sagt: »Weißt du, ich mag deinen Kleidungsstil überhaupt nicht. Du solltest dir wirklich etwas anderes anziehen und auch etwas mit deinen Haaren machen. Dein Aussehen passt mir gar nicht. Und wo wir schon dabei sind, such dir ein paar coolere Freunde. Deine Freunde, mit denen du abhängst, sind ein paar echte Loser. Ach, und übrigens, dein Haus ist auch hässlich!«

Wie würdest du reagieren? Bist du schon einmal so abgeurteilt worden? Oder hast du schon einmal selbst jemanden so abgeurteilt?

Ich ja. Ich habe mir früher einen Spaß daraus gemacht, im Park oder in einem Einkaufszentrum zu sitzen und mir die Leute anzusehen, die vorbeigingen. Ich schaute mir ihre Kleidung an, ihren Haarschnitt, die Leute, mit denen sie unterwegs waren, usw. und bildete mir eine Meinung über sie. Nun, wir können uns auch nicht immer davon abhalten, uns eine Meinung zu bilden, aber wir können sie für uns behalten, anstatt sie auszuposaunen und andere zu verletzen. Wir müssen uns nicht so lange in unseren Meinungen suhlen, bis sie zu Verurteilungen werden.

Ich glaube, dass wir uns verändern und heranreifen können, so dass wir nicht mehr so viele negative Meinungen über die Menschen um uns herum verbreiten müssen. Wir können diesen Teil des Kampfplatzes unserer Gedanken immer mehr kontrollieren.

Manchmal sage ich zu mir selbst: »Joyce, es geht dich nichts an.«

Doch es gibt eine mächtige Waffe gegen das Verurteilen: Liebe! Wenn wir uns auf sie verlassen, zeigt sie uns den Weg hinaus aus dem Land des Verurteilens.

Du und ich haben die Fähigkeit, andere zu lieben – und Gott befiehlt uns, diese Fähigkeit auch einzusetzen. Wenn wir ein Leben voller Liebe führen, dann bewahren wir uns selbst davor, andere zu verurteilen und stolz zu sein.

In Sprüche 16,24 lesen wir: *Freundliche Worte sind Honig, Süßes für die Seele und Heilung für das Gebein* (Elberfelder).

Wir alle machen Fehler und wir alle haben Schwächen. Doch anstatt mit anderen hartherzig und kritisch umzugehen, weist uns die Bibel an, einander zu vergeben, Erbarmen zu haben und Worte der Liebe und der Ermutigung zu reden.

Du wirst merken, dass du gar keine Zeit und Lust mehr haben wirst, andere zu verurteilen, wenn du versuchst herauszufinden, was für gute Seiten sie haben und freundliche Worte über sie sagst. Und noch während du deine Einstellung änderst, wirst du spüren, wie Freude in dir wächst.

Jesus will, dass du dich am Leben erfreust. Verurteilungen und Kritik bringen keine Freude mit sich. Doch wenn du anderen Liebe erweist, wirst du dich freuen. Du hast die Wahl.

KAPITEL 14

Das Land der Passivität

Wie oft hast du schon auf die Aufforderungen »Du musst unbedingt lernen/Sport treiben/zum Gottesdienst gehen/dein Zimmer aufräumen« mit »Ich hab aber keine Lust!« reagiert?

Viele Menschen, sogar auch die, die an Gott glauben, haben so eine passive Einstellung zum Leben, dass sie nicht das tun, was sie tun sollten, einfach weil sie gerade nicht wirklich Lust dazu haben. Sie gehen nur dann in den Gottesdienst, wenn sie sich danach fühlen. Sie preisen Gott nur dann, wenn ihre Emotionen auf Hochtouren laufen. Sie geben nur dann ihre Zeit oder ihr Geld, wenn sie sich freigiebig fühlen.

Epheser 4,27 warnt uns: *und gebt dem Teufel keinen Raum!*, doch viele Menschen realisieren nicht die lebenswichtige Wahrheit, die dahintersteckt: Ein leerer Raum ist auch ein Raum. Mit anderen Worten, eine passive Haltung ist wie eine unbewachte Festung. Sie kann sehr leicht vom Feind überrannt werden. Satan muss deinen Verstand nicht unbedingt mit unreinen Gedanken, Motiven und Lügen verderben, um den Kampf um deine Gedanken zu gewinnen. Nein, ein fauler Verstand tut es auch.

Vielleicht sagt eine Person zu sich selbst: »Ich mach das doch genau richtig. Ich denke über andere nichts Schlechtes, und ich gehe auch nicht herum und kritisiere sie. Ich behalte alles für mich.«

Das Problem mit dieser Art Denken ist folgendes: Es gibt aggressive Sünden, also Sünden, weil man etwas aktiv getan hat, aber auch passive Sünden, also Sünden, weil man etwas nicht getan, sondern unterlassen hat. Harte Worte voller Hass haben viele Beziehungen zerstört, doch es sind auch Ehen und Freundschaften durch kaltes Schweigen zerstört worden, weil nie ein liebes und heilendes Wort gesagt wurde.

Wie man Passivität in seine Bestandteile auflöst

Vor Jahren hatte mein Mann ein Problem mit seiner Passivität. In manchen Bereichen seines Lebens war er zwar aktiv. Er ging jeden Tag zur Arbeit, spielte samstags Golf (und er war ein disziplinierter Zuschauer von Sportsendungen im Fernsehen, wie ich bereits erwähnte), doch außerhalb dieser Aktivitäten fehlte ihm die Motivation. Wenn ich ihn bat, ein Bild an die Wand zu hängen, so dauerte dies zwischen drei und vier Wochen, bis es endlich erledigt war. Diese Passivität verursachte eine große Spannung zwischen uns. Ich hatte den Eindruck, dass er nur das tat, wozu er Lust hatte und mehr nicht.

Dave liebte den Herrn und bat Gott um seine Führung bei diesem Problem. Gott zeigte ihm, dass seine Passivität zu Satans Kampfstrategie gehörte. In einigen Bereichen seines Lebens hatte Dave dem Feind Gebiete überlassen.

Auch wenn es um Bibellesen und Beten ging, war Dave passiv. Ich bemerkte diese Schwäche bei ihm und deshalb fiel es mir schwer, auf ihn zu hören und seine Meinung zu respektieren. Für mich hingegen war Rebellion ein Problem und nun kannst du dir wohl vorstellen, wie der Teufel unsere Schwächen gegen uns einsetzte. Dave wollte mir erzählen, dass ich Gott immer zehn Kilometer vorausrenne und ich konterte, dass er Gott immer zehn Kilometer hinterherhängt. Viele Paare lassen sich wegen genau solcher Probleme scheiden.

Doch glücklicherweise offenbarte Gottes Geist Dave, wie der Teufel ihn durch seine Passivität niederdrückte. Dave beschloss in seinem Herzen und mit seinem Verstand, wieder eine aktivere Person in allen Bereichen seines Lebens zu werden.

Er begann, morgens um fünf Uhr aufzustehen, die Bibel zu lesen und zu beten, bevor er zur Arbeit fuhr. Der Kampf war entfacht und es war nicht leicht. Satan wollte die Gebiete, die er bereits erobert hatte, nicht aufgeben und deshalb tat er sein Möglichstes, um Daves Willen zu brechen. Manchmal wachte Dave auf, schlief dann aber etwas später wieder auf der Couch ein. Doch selbst an solchen Morgen, wenn die Müdigkeit ihn überwältigte, wusste Dave, er machte Fortschritte. Sein geistliches Leben wurde gestärkt, weil er sich anstrengte, aus dem Bett zu kommen.

Manchmal konnte Dave zwar wach bleiben, doch das Bibellesen langweilte ihn oder er konnte bestimmte Schriftabschnitte nicht verstehen. Ein anderes Mal fragte er sich, ob seine Gebete wirklich zu Gott durchdrangen. Doch immer wieder erinnerte er sich an das, was der Heilige Geist ihm in Bezug auf seine Passivität offenbart hatte und er wollte weitere Fortschritte machen.

Irgendwann bemerkte ich, dass Dave gleich reagierte, wenn ich ihn bat, ein Bild aufzuhängen oder etwas im Haus zu tun. Er wurde entschlussfreudiger. Die Disziplin, die er in seinem geistlichen Leben an den Tag legte, zeigte sich auch in anderen Bereichen.

Doch um ehrlich zu sein, diese Veränderung, weg von der Passivität hin zur Aktivität, war nicht leicht für Dave. Er brauchte Monate, nicht bloß Tage oder Wochen, um zu überwinden.

Aber mein Mann ließ nicht locker und mittlerweile ist er überhaupt nicht mehr passiv. Er ist Geschäftsführer von Joyce Meyer Ministries und ist verantwortlich für die Radio- und Fernsehprogramme. Er trägt auch die gesamte finanzielle Verantwortung für unser Hilfswerk. Er macht meine Reiseplanung und reist mit mir.

Er ist auch ein wunderbarer Familienmensch. Er spielt immer noch Golf und schaut auch manchmal Sport im Fernsehen, doch er erledigt auch die anderen Dinge, die von ihm erledigt werden müssen. Wer ihn jetzt kennt und all die Aktivitäten sieht, die er macht, der würde es niemals für möglich halten, dass er früher von Passivität geplagt wurde.

Einer richtigen Denkweise folgen richtige Handlungen und das hat Dave gelernt. Erst wenn man sein Denken verändert, kann man schlechtes Benehmen auch zum Guten verändern. Sonst ist das unmöglich. Auch wenn eine passive Person wirklich das Richtige tun möchte, so wird sie es nicht tun können, solange sie nicht anfängt, sich auf Gottes Wort und Gottes Willen zu konzentrieren.

Einmal kam nach einem meiner Seminare ein Mann zu uns und erzählte von seinem Problem. Er war ein Gefangener der Lust. Er liebte seine Frau und wollte seine Ehe nicht zerstören, doch er konnte seine Augen – und seine Hände – nicht von anderen Frauen lassen. »Joyce«, sagte er. »Ich kann mich einfach nicht von anderen Frauen fernhalten. Kannst du bitte für mich um Befreiung beten? Ich habe schon oft dafür gebetet, doch es wird einfach nicht besser.«

Der Heilige Geist forderte mich auf, ihm Folgendes zu sagen: »Ja, ich werde für dich beten. Doch du bist verantwortlich für das, was du auf dem Bildschirm deiner Gedanken abspielen lässt. Wenn du wirklich frei werden willst, dann darfst du keine pornografischen Gedanken in deinem Kopf zulassen oder dir vorstellen, wie du mit diesen Frauen zusammen bist.«

Du kannst keine falschen und unreinen Gedanken hegen und gleichzeitig einen Durchbruch in deinem Leben erleben.

Dein Verstand darf kein Spielplatz der Sünde sein. In Matthäus 5,27-28 weist Jesus uns auf Folgendes hin: *Ihr habt gehört, dass gesagt ist: Du sollst nicht ehebrechen. Ich aber sage euch, dass jeder, der eine Frau ansieht, sie zu begehren, schon Ehebruch mit ihr begangen hat in seinem Herzen* (Elberfelder).

Wenn du dazu neigst, passiv zu sein, dann ergreife die Initiative und handle. Triff Entscheidungen und wünsche dir nicht nur, dass die Dinge sich von selbst ändern oder du sie mit der Zeit lässt, weil du erwachsener wirst. Verpflichte dich selbst und nimm dir vor, nicht zu sündigen.

Wenn du das gute Leben genießen willst, das Gott für dich geplant hat, dann konzentriere dich auf gute Dinge. Lass zerstörerische Gedanken nicht in deinen Kopf hinein und spiel nicht mit ihnen, wenn sie sich hineingeschlichen haben.

Du brauchst *Willenskraft*, keine *Wunschkraft*, wenn du wirklich Gottes Sieg über deine Probleme erleben möchtest. Sei aktiv und nicht passiv. Wenn du die richtigen Gedanken hast, dann wirst du auch das Richtige tun. Sei nicht passiv in deinem Denken. Entschließe dich gerade jetzt für die richtigen Gedanken!

TEIL 4

Finstere Gedankenecken

Einleitung

Jetzt, wo wir unsere Tour durch die Orte, an denen wir uns besser nicht aufhalten, beendet haben, werden wir weitergehen und die finsteren Ecken und Nischen in diesen Orten besuchen, nämlich die inneren Einstellungen.

Wenn sich dein Kopf an einem dieser Plätze befindet, die ich in diesem Abschnitt beschreibe, wird sich dies auf dein Inneres und auf deine äußeren Umstände auswirken. Es kann sogar sein, dass du auf dem Weg in »das verheißene Land« bist und die Reise nicht genießen kannst, weil dein Denken falsch ist.

Ich kann mich zum Beispiel an eine Zeit erinnern, in der meine äußeren Umstände wirklich ziemlich gut waren. Dave und ich hatten ein schönes Zuhause, drei wunderbare Kinder, gute Jobs und genug Geld, um entspannt zu leben.

Doch ich konnte diesen Segen nicht genießen, weil ich von zerstörerischen Denkweisen geplagt wurde. Weil ich die Dinge auf eine bestimmte Art und Weise wahrnahm, erschien mir mein Leben wie eine Wildnis. Ich war dabei, in dieser Wildnis zu verenden, doch Gott schickte mir in seiner Güte sein Licht in die Dunkelheit und führte mich heraus.

Ich bete dafür, dass dieser Abschnitt auch für dich zum Licht wird und dich aus gedanklichen Plätzen herausführt, die alles andere als himmlisch sind. Du sollst aus deiner düsteren Ecke herauskommen und in Gottes herrlichem Licht gehen.

FINSTERE GEDANKEN-ECKE NR. 1

»Ich will für mein geistliches Leben keine Verantwortung übernehmen. Gibt es dafür nicht Pastoren und Eltern?«

Ein Teenagerjunge besuchte jeden Sommer eine bestimmte Gemeinde-Jugendfreizeit. Die Freizeit endete immer mit einem sehr emotionalen Gottesdienst um ein Feuer herum, in dem man den anderen etwas mitteilen konnte, was einem auf dem Herzen lag. Man konnte auch Sünden bekennen, um Gebet bitten oder Gott für etwas danken.

Bei seinem ersten Gottesdienst ging der Junge zu der Feuerstelle und warf eine Packung Marlboro in die Flammen. Voller Tränen erzählte er, wie er vom Rauchen abhängig war und er wollte mit dieser Handlung zeigen, dass er Gott sein Leben neu zur Verfügung stellte.

Im nächsten Sommer geschah das Gleiche. Der einzige Unterschied war, dass unser Freund im Laufe des Jahres seine Zigarettenmarke gewechselt hatte.

Irgendwann kam dann auch der dritte Sommer und mit ihm auch der Gottesdienst um das Feuer herum und … du hast es erraten. Die ganze Aktion wurde zu einem schlechten Scherz für die anderen Freizeitteilnehmer.

Natürlich sollten wir diesen Jungen nicht verurteilen. Wenn Gott das erste Mal zu uns spricht und uns dahin leitet, etwas zu tun oder auch zu lassen, wird man schnell emotional und hat viele gute Vorsätze. Doch sobald die Emotionen weg sind und wir erkennen, dass es um mehr als nur Gänsehaut und ein paar Tränen geht, beenden wir oft nicht, was wir angefangen haben.

Viele neue Wagnisse oder auch eine erneute Hingabe sind so aufregend, weil sie eben neu sind. Und diese Aufregung treibt uns zwar aus den Startblöcken heraus, doch bringt sie uns nicht über die Ziellinie. Ausdauer und Verantwortungsbewusstsein sind notwendig, um das beenden zu können, was angefangen wurde.

Der Teenager in unserer Geschichte konnte keine Verantwortung für sich übernehmen. Die Seelsorger auf der Freizeit und die Sprecher inspirierten ihn. Sie motivierten ihn, eine Entscheidung zu treffen. Doch es lag in seiner Verantwortung, bei seiner Entscheidung zu bleiben, und genau da schwankte er.

Auch in deinem Leben gab es eine Zeit, in der du null Verantwortung hattest. Wie schade, dass du damals zu jung warst, um dich jetzt noch daran erinnern zu können. Das war, als du geboren wurdest. Jedes deiner Bedürfnisse wurde von einem anderen gestillt. Doch als du größer wurdest, wurde von dir auch mehr erwartet. Jetzt hast du vielleicht ein Elternteil, einen Bruder oder eine Schwester, einen Lehrer oder Trainer, der etwas für dich tut, doch bei anderen Sachen wird von dir erwartet, die Führung zu übernehmen.

Genau so ist es mit Gott. Er will seinen Kindern beibringen, wie sie Verantwortung übernehmen. Und je mehr er dich mit geistlichen Gaben und Möglichkeiten gesegnet hat, desto mehr sollst du damit tun.

Der Herr hat mir die wunderbare Möglichkeit gegeben, in

einem vollzeitlichen Dienst zu stehen und sein Wort im amerikanischen Fernsehen und Radio zu lehren, das Evangelium auf der ganzen Welt zu predigen und Bücher zu schreiben, die von Millionen von Menschen gelesen werden. Doch eines kann ich dir versichern: Ich habe auch viel Verantwortung zu tragen für das, was ich tue. Davon habe viele Leute gar keine Ahnung. Bei einem Dienst wie dem unsrigen handelt es sich nicht bloß um ein großes Medienspektakel.

Viele Menschen wollen gerne bei uns arbeiten, weil sie eine Arbeit bei einem hoch angesehenen Missionsunternehmen für das größte Glück auf Erden halten. Später sind dann einige von ihnen bestürzt, weil sie bei uns genauso arbeiten müssen wie anderswo auch. Sie müssen morgens aufstehen, pünktlich zur Arbeit kommen, die täglichen Arbeiten verrichten und den Anweisungen der Führungskräfte folgen.

Wenn Leute bei uns mitarbeiten wollen, sage ich ihnen gleich, dass wir nicht den ganzen Tag auf Wolke sieben schweben und dabei »Halleluja« singen. Wir arbeiten. Wir arbeiten sogar hart. Wir setzen uns ganz für den Dienst ein und haben einen hohen Anspruch an unsere Arbeit. Natürlich ist es auch ein Vorrecht, Teil eines Missionswerkes zu sein, doch ich sage neuen Angestellten immer sehr nachdrücklich, dass wir auch dann noch da sein werden und ein hohes Maß an Eigenverantwortlichkeit erwarten, wenn die Gänsehaut verschwunden ist.

Wahrscheinlich gibt es auch in deinem Leben einige Menschen, die dich bei deinem Christsein ermutigen, doch die werden nicht immer direkt neben dir gehen. Wie ein Langstreckenläufer musst auch du dich zwingen können, weiterzulaufen, auch wenn sonst keiner da ist, der mit dir Schritt hält und dir ermutigende Worte zuruft oder am Ende eines jeden Laufes dir »Super gemacht!« entgegenschreit.

Jeder von uns muss von innen her motiviert sein. Wir müssen unser Leben vor Gott leben und wissen: Er sieht alles und er wird uns belohnen – wenn wir verantwortungsbewusst das tun, was er von uns möchte.

FINSTERE GEDANKEN-ECKE NR. 2

»Meine Zukunft wird von meiner Vergangenheit und von meiner Gegenwart bestimmt.«

Wie du schon gelesen hast, wurde ich in meiner Familie missbraucht. Mein Zuhause war zerrüttet und meine Kindheit war voller Angst und Leid. Vielleicht kennst du das auch.

Psychologen und Seelsorger sprechen davon, dass die Persönlichkeit eines Kindes in den ersten fünf Lebensjahren geformt wird. Vielleicht hast du das auch schon gehört. Dann kannst du dir vielleicht auch vorstellen, was für ein Chaos in mir herrschte! Ich legte mir eine tapfere Maske zu, die meine Furcht verbarg. Und ich baute eine Schutzmauer um mich herum, die mich vor weiteren menschlichen Verletzungen bewahren sollte. Ich schloss Menschen aus meinem Herzen aus und schloss mich dabei ein.

Ich entdeckte auch noch einen anderen Weg, Herr über meine Furcht und meinen Schmerz zu werden: Ich wollte kontrollieren. Wenn ich Beziehungen und Lebensumstände kontrollieren kann, wird mich niemand mehr verletzen können, dachte ich.

Klingt das nach dir oder nach jemandem, den du kennst?

Als junge Erwachsene versuchte ich wirklich für Christus zu leben und seinen Lehren zu folgen. Doch es war ein Kampf für mich. Die Wolke meiner Vergangenheit hing über mir und machte es mir schwer, der Zukunft optimistisch entgegenzusehen. Ich dachte: »Wie kann ein Mensch, der meine Vergangenheit hat, als Person noch normal sein? Das ist unmöglich!«

Während ich in der Bibel las und betete, wurde mir klar, dass Jesus die Kranken heilen wollte, die, die ein zerbrochenes Herz haben, die Verwundeten. Ich fühlte mich wie in einem Gefängnis, doch Jesus kam, öffnete die Tore und ließ mich frei. Er hat sich darauf spezialisiert, Menschen wie mir zu helfen. Er gab mir eine positive Sicht für mein Leben. Durch ihn konnte ich glauben, dass meine Zukunft nicht davon bestimmt wird, was in der Vergangenheit passiert ist oder was mir in der Gegenwart noch widerfahren wird.

Vielleicht hast du, genau wie ich, eine schreckliche Vergangenheit durchlebt und auch die Lebensumstände, in denen du dich jetzt befindest, geben dir keinen Grund zur Hoffnung. Doch ich sage dir jetzt sehr nachdrücklich: *Deine Zukunft kann mit Freude, Sinn und Frieden erfüllt sein!* Ich bin ein lebender Beweis dafür und du kannst auch einer werden.

Nimm deshalb eine andere Denkweise an. Glaube, dass mit Gott alle Dinge möglich sind. Vergiss nicht, er hat das gesamte Universum aus dem Nichts erschaffen! Wenn du also der Meinung bist, dass du ein Nichts bist, dann gib ihm dein Nichts und schau zu, was er daraus macht! Du musst nur glauben. Glaube und wirf dich in seine liebenden Arme, dann wird er alles andere tun.

Das Coolste, was dir dann passieren kann, wenn Gott aus deiner dunklen und trostlosen Vergangenheit eine hell leuchtende Zukunft macht, ist: Du kannst die zerstörerischen Muster durchbrechen, die deine Beziehungen innerhalb deiner Familie belastet haben.

Wenn deine Beziehung zu einem Elternteil oder zu einem Stiefelternteil gestört war, kannst du sagen: »Das hört jetzt mit mir auf.« Wenn du zum Beispiel ständig kritisiert und verspottet wurdest, kannst du dich nun dazu entschließen, den Familienmitgliedern, mit denen du jetzt zusammen bist, Worte der Hoffnung und der Ermutigung zuzusprechen. Das gilt auch für die, mit denen du später einmal zusammen sein wirst. Du kannst helfen, ein Vermächtnis des Lichts zu schaffen, wo früher nur Dunkelheit herrschte.

Wenn du diese zerstörerischen Muster umkehrst und den anderen das gibst, wonach du dich gesehnt hast, wirst du selbst eine unglaubliche Heilung erleben.

FINSTERE GEDANKEN-ECKE NR. 3

»Entweder so, wie ich es will, oder gar nicht.«

Manchmal hören wir, wie Pastoren oder Erzieher sich beschweren: »Die heutigen Teenager sind eigensinniger und rebellischer als je zuvor.«

Diese Aussage kann man sicherlich diskutieren, denn geschichtlich gesehen gibt es viele verschiedene Gruppen, die sich auch um den Titel der eigensinnigsten Menschen bewerben könnten. Das Alte Testament ist voll mit Berichten über die Israeliten und ihre immerwährende Rebellion gegen Gott. Wie oft drehten sie Gott trotzig den Rücken zu, um dann, wenn sie in Not waren, wieder weinend zu ihm zurückzukommen. Dann gehorchten sie ihm wieder eine Zeit lang, bis sich ihre Umstände verbessert hatten. Und dann vergaßen sie, wie schlecht es ihnen gegangen war, als sie im Ungehorsam Gott gegenüber gelebt hatten.

Schnell wurden die Israeliten wieder anmaßend und der ganze Kreislauf wiederholte sich. Sie erlebten große Segnungen und schwere Bestrafungen im Wechsel. Es ist fast unglaublich, dass sie scheinbar nichts dazulernten.

Vielleicht kannst du dich mit den Israeliten identifizieren. Du willst dein eigenes Leben unter Kontrolle haben und gehorchst Gott auch gerne – doch nur so lange er deinen Lebensstil nicht einengt. Ich kann dich verstehen.

Ich glaube, ich bin als starke Persönlichkeit auf die Welt gekommen und war dazu bestimmt, eine »Ich mach es so, wie ich es will«-Person zu werden, ganz gleich wie meine Kindheit auch war. Doch die Jahre, in denen ich missbraucht und kontrolliert wurde, gossen nur noch Öl auf das Feuer meiner Rebellion. Ich misstraute jedem, der eine Leitungsposition hatte und lehnte ihn ab. Ich wurde jemand, der keine Korrektur annahm, sich Regeln widersetzte und nur schwer zu führen war. Meine Einstellung war offensichtlich: Niemand hat mir zu sagen, was ich tun soll!

Es ist klar, dass Gott sich um meine innere Haltung kümmern musste, bevor ich eine effektive Dienerin für ihn werden konnte. Ton, der nicht weich und formbar ist, kann von Gott nicht verarbeitet werden. Ich durfte es meiner Vergangenheit nicht gestatten, mir als Entschuldigung zu dienen, nur weil ich nicht wollte, dass Gott mein Leben formt. Ich musste Gott in allen Dingen ganz klar und genau gehorchen, wenn ich auf der Gewinnerseite des Lebens stehen wollte.

Ich entdeckte, dass Gehorsam ein Prozess ist, während ich so auf dieses Ziel hinarbeitete. Als ich meinen Willen beiseitelegte und Gottes Willen tat, wurde ich auch immer mehr fähig, zu gehorchen.

Es ist sehr wichtig, deine Bereitwilligkeit zu gehorchen, zu trainieren, denn Gott verlangt von uns, in allen Dingen gehorsam zu sein. Wir sollten ihm keine Bereiche unseres Lebens vorenthalten. Wir dürfen Türen nicht vor ihm verschließen.

Warum nun ist absoluter Gehorsam Gott gegenüber so lebenswichtig? Die meisten Gelehrten sind der Meinung, dass Salomo, ein Mann, dem Gott mehr Weisheit als jedem anderen gegeben hatte, das Buch der Prediger geschrieben hat. Salomo war die Nummer eins der weisen Leute.

Doch leider machte Salomo viele tragische Fehler in seinem Leben und verbrachte viel Zeit damit, unglücklich zu sein, obwohl er unglaublich reich und mächtig war. Am Anfang des Predigerbuches ruft er aus: *Es ist alles sinnlos und bedeutungslos* (Prediger 1,2).

Später listet er auf, was für ihn bedeutungslos ist. Hier ist Salomos Top-8-Liste der bedeutungslosen Dinge:

1. Weisheit
2. Freude
3. Narrheit
4. Arbeit
5. Vorwärtskommen
6. Reichtümer
7. Jugend und Vitalität
8. (so ziemlich) alles

(Und du dachtest, dass deine Freunde mit ihrer Einstellung echte Loser sind.)

Wir alle können von Salomo etwas Wichtiges lernen. Er war ein wirklich weiser Mann und seine Weisheit war eine Gabe Gottes. Doch traurigerweise missbrauchte er diese Gabe. Er machte sich selbst reich und mächtig und umgab sich mit schönen Frauen, doch er vergaß etwas sehr Wichtiges: Gott demütig zu gehorchen.

Salomo wollte seine eigene Sache durchziehen. Deshalb war er auch oft verzweifelt, trotz aller materiellen Besitztümer, die ein Mensch sich auch nur erträumen kann.

Doch zum Glück wurde dieser weise Mann am Ende wieder weise. Das Buch der Prediger ist ein eher deprimierendes Buch, doch es endet mit einem guten Ratschlag für alle von uns:

Das Endergebnis des Ganzen lasst uns hören: Fürchte Gott und halte seine Gebote! Denn das soll jeder Mensch tun. Denn Gott wird jedes Werk, es sei gut oder böse, in ein Gericht über alles Verborgene bringen (Prediger 12,13-14; Elberfelder).

Diese Schriftstelle hat mir Folgendes gezeigt: Der einzige Grund, warum die Menschen erschaffen wurden, ist der, Gott zu verehren und ihn anzubeten, und zwar indem sie ihm gehorchen. Alle frommen Eigenschaften müssen ihre Wurzeln im Gehorsam haben und das ist die Grundlage allen Glücks. Niemand kann wirklich glücklich sein, ohne Gott zu gehorchen. Alles, was in unserem Leben durcheinander ist, wird durch Gehorsam wieder zurechtgerückt werden. Die Menschen sind dazu verpflichtet, gehorsam zu sein.

Wenn du das nächste Mal wieder in die Versuchung kommst, die Dinge auf deine Art zu machen, denke an die Worte Salomos. Jeder Einzelne hat eine eigene Verantwortung, gehorsam zu sein.

Gehorsam wird noch wichtiger, wenn uns klar wird, dass unsere Entscheidung für oder gegen den Gehorsam nicht nur uns betrifft, sondern auch andere, vielleicht sogar viele andere. Denken wir einmal zurück an die Israeliten im Alten Testament. Viele von ihnen starben in der Wüste, ohne jemals das verheißene Land erreicht zu haben, nach dem sie sich jahrelang gesehnt hatten. Das ist wirklich tragisch. Doch was noch viel tragischer ist: Viele Kinder dieser Leute sind auch in der Wüste gestorben, weil ihre Eltern ungehorsam waren.

Das Gleiche geschieht in deinem Leben. Deine Entscheidungen haben einen Einfluss auf andere Menschen, auf deine Familie, deine Freunde, deine Klassenkameraden, deine Teamkameraden und so weiter. Diese Auswirkungen können positiv oder auch negativ sein.

Neulich kam unser ältester Sohn zu mir und sagte: »Mama, ich muss dir etwas sagen. Vielleicht fange ich dabei an zu weinen, doch hör mich ganz an. Ich habe über dich und Papa nachgedacht, über all die Jahre, die ihr in das Missionswerk gesteckt habt, darüber, wie oft ihr euch dazu entschlossen habt, Gott zu gehorchen und wie oft es nicht leicht für euch war. Ich weiß,

Mama, dass du und Papa durch Situationen gegangen seid, von denen niemand etwas weiß. Ich wollte dir sagen, dass Gott mir heute Morgen, als ich aufwachte, bewusst gemacht hat, wie sehr ich von eurem Gehorsam profitiere und ich bin sehr dankbar dafür.«

Was mein Sohn mir da sagte, bedeutete mir viel und es erinnerte mich an Römer 5,19: *Weil ein Mensch Gott ungehorsam war, wurden viele Menschen zu Sündern. Doch weil ein anderer Mensch Gott gehorchte, werden viele Menschen in Gottes Augen gerechtfertigt.*

Jesus war das beste Beispiel dafür, wie der Gehorsam einer einzigen Person das Leben anderer beeinflussen kann. Denn durch seinen Gehorsam bis zum Tod am Kreuz hat er die ganze Welt gerettet.

Du musst nicht die Last der ganzen Welt tragen, doch es gibt Menschen in deinem Leben, die du durch deinen Gehorsam aus der Wüste führen kannst (die Wüste ihrer negativen Einstellung, ihrer Rebellion, ihrer Teilnahmslosigkeit oder was auch immer), oder du kannst dazu beitragen, dass sie aufgrund deines Ungehorsams weiterhin dort umherwandern müssen.

Gehorsam ist eine weitreichende Angelegenheit. Er kann die Tore der Hölle verschließen und die Fenster des Himmels öffnen.

FINSTERE GEDANKEN-ECKE NR. 4

»Das Leben ist mir zu schwer. Kann Gott es mir nicht leichter machen?«

In meinem Dienst habe ich oft mit Menschen zu tun, die zu mir kommen, weil sie Rat suchen und Gebet wünschen. Eine Frau kam zu mir und ich sagte ihr, was Gottes Wort für eine Situation wie die, in der sie steckte, rät. Sie antwortete: »Ich verstehe, was Sie mir sagen wollen. Gott hat mir das Gleiche bereits gezeigt. Doch das, was Gott hier von mir verlangt, ist zu schwer für mich, Joyce!«

Gott hat mir gezeigt, dass Satan oft versucht, uns diese Lüge in die Gedanken zu injizieren, um uns zum Aufgeben zu bringen. Ich habe früher auf solch eine Lüge gehört, doch vor ein paar Jahren offenbarte Gott mir diese spezielle Taktik des Feindes. Gott forderte mich auf, mich nicht mehr darüber zu beschweren, wie schwer mir alles erschien. Er zeigte mir, dass ich es leichter haben würde, wenn ich ihm weiterhin gehorchte. Er führte mich zu 5. Mose 30,11:

Dies Gebot, das ich dir heute gebiete, ist nicht zu schwer und unerfüllbar (Bruns).

Wir neigen dazu, die Dinge für uns noch schwerer zu machen, als sie sein müssten, wenn wir die ganze Zeit darüber jammern. Eine negative Einstellung saugt den Optimismus und die Energie auf, die wir eigentlich brauchen, um unsere Ziele zu erreichen. Doch Gott geht neben uns her und er sagt uns, dass sein Wille für unser Leben nicht zu schwer ist, um ihm folgen zu können. Auch ist eine Verwirklichung unserer Hoffnungen gar nicht so weit entfernt, wie es uns manchmal scheint.

Gut, manchmal ist der Weg, auf den Gott uns führt, schwer und kräftezehrend, mit einem schwierigen Untergrund und sehr steil. Doch Gott ist bei dir, bei jedem Schritt, den du tust. Er gibt dir die Kraft, die du brauchst: mentale Kraft, körperliche Kraft *und* auch geistliche Kraft.

FINSTERE GEDANKEN-ECKE NR. 5

»Das Leben ist nicht fair – habe ich dann nicht auch *das Recht,* mich zu beklagen?«

Ich habe über nachfolgende Bibelstelle jahrelang nachgedacht: *Denn es ist eine Gnade, wenn jemand deswegen Kränkungen erträgt und zu Unrecht leidet, weil er sich in seinem Gewissen nach Gott richtet. Ist es vielleicht etwas Besonderes, wenn ihr wegen einer Verfehlung Schläge erduldet? Wenn ihr aber recht handelt und trotzdem Leiden erduldet, das ist eine Gnade in den Augen Gottes* (1. Petrus 2,19-20; Einheitsübersetzung).

Ich versuchte zu verstehen, warum in aller Welt es Gott gefällt, wenn ich leide. Steht nicht letztendlich in der Bibel, dass Jesus mein Leid und meine Schmerzen getragen hat? Und wenn das so stimmt, warum musste ich immer noch leiden?

Schließlich erkannte ich, dass es in diesem Abschnitt gar nicht in erster Linie um das Leiden geht. Es geht um die *innere Einstellung*, die man zum Leiden hat. Wenn uns jemand falsch behandelt, dann möchte Gott, dass wir geduldig damit umgehen. Denke noch einmal sorgfältig darüber nach: Gott gefällt es nicht, wenn wir leiden. Es geht um die innere Haltung, die wir einnehmen.

Jesus ist uns hier ein Vorbild. Petrus sagt, dass Jesus »geschmäht, beschimpft und misshandelt« wurde. Doch Jesus reagierte nicht in derselben Weise. Er beschimpfte, schmähte und misshandelte andere nicht. Stattdessen vertraute er jede Lebenslage Gott, seinem himmlischen Vater, an.

Jesus litt mutig und ehrenhaft. Er beschwerte sich nicht, obwohl das ganze Leid, das er ertragen musste, einfach nur ungerecht war. Er ist uns ein Vorbild, wenn es darum geht, mit dem Leben zurechtzukommen, wenn es hart und ungerecht ist.

Vor einer langen Zeit geschah etwas in unserer Familie, das diesen Aspekt gut veranschaulicht. Unser Sohn Daniel kam von einer Missionsreise aus der Dominikanischen Republik mit einem heftigen Hautausschlag und etlichen offenen Wunden an den Armen zurück. Offensichtlich war er dem Giftefeu in der Dominikanischen Republik zu nahe gekommen.

Daniels Arme sahen so schlimm aus, dass wir ihn zu unserem Hausarzt bringen mussten. Wir riefen in der Praxis an, doch leider war unser Arzt an diesem Tag nicht da. Deshalb machten wir einen Termin bei seiner Vertretung. Unsere Tochter Sandra machte diesen Termin. Sie erklärte der Arzthelferin, dass Daniel minderjährig war und sie ihn bringen würde.

Es dauerte fünfundvierzig Minuten, bis Sandra die Praxis erreichte. Dort wurde ihr dann von einer Arzthelferin mitgeteilt: »Oh, es tut mir leid, aber nach unseren Richtlinien dürfen wir keine Minderjährigen behandeln, die nicht in Begleitung ihrer Eltern sind.«

Sandra erklärte ihr, dass sie bei der telefonischen Terminabsprache bereits darauf hingewiesen hatte, ihren Bruder selbst vorbeibringen zu wollen. Das hatte sie aufgrund der Reise- und Arbeitsplanungen ihrer Eltern schon oft zuvor gemacht.

Doch die Arzthelferin ließ sich nicht umstimmen. Kein Elternteil, keine Behandlung.

Sandra hätte allen Grund gehabt, es der Arzthelferin einmal richtig zu geben. Sie hatte diese Fahrt in ihren ohnehin schon vollen Terminkalender eingeschoben. Ihr Bruder hatte Schmerzen und brauchte Hilfe und es sah alles so aus, als hätte sie diese 90-minütige Autofahrt umsonst gemacht. Die ganze Anstrengung war scheinbar nur eine unglaubliche und frustrierende Zeitverschwendung.

Doch Sandra blieb ruhig und liebevoll. Sie rief ihren Vater an, der gerade seine Mutter besuchte. Er sagte ihr, er würde vorbeikommen und sich um alles kümmern. Er hatte am Morgen noch kurz bei unserem Büro angehalten und ein paar Bücher und Kassetten eingepackt, weil er den Eindruck gehabt hatte, er würde die noch brauchen, obwohl er keine Ahnung hatte, wofür.

Er kam bei der Praxis an und die Dame, die ihm beim Ausfüllen der Fragebögen für Daniel behilflich war, fragte ihn, ob er ein Pastor sei – und der Ehemann von Joyce Meyer. Als er die Frage mit »Ja« beantwortet hatte, erzählte sie, dass sie mich im Fernsehen gesehen hatte. Sie unterhielten sich eine Zeit lang und Dave gab ihr eines meiner Bücher über Heilung der Gefühle, weil er eine Not bei ihr in diesem Bereich spürte. So konnten an diesem Tag die Bedürfnisse zweier Menschen erfüllt werden: Daniels körperliche Not und die seelische Not einer Arzthelferin.

Warum ich das erzähle? Nun, was wäre gewesen, wenn Sandra ungeduldig geworden wäre und angefangen hätte, sich zu beschweren und zu protestieren? Welchen Eindruck hätte sie bei der Belegschaft in der Arztpraxis hinterlassen? Denk einmal an die Frau am Empfang. Stell dir einmal vor, sie hätte mich im Fernsehen gesehen, wie ich davon spreche, wie man eine positive Einstellung bekommt, während ein Mitglied meiner Familie in der Öffentlichkeit förmlich ausflippt.

Viele Menschen suchen heutzutage nach Gott und das, was wir ihnen *zeigen* ist wichtiger, als das, was wir ihnen *sagen*. Natürlich sollen wir über die Gute Nachricht reden, doch wenn wir reden und dann das Gesagte mit unserem schlechten Verhalten zunichtemachen, so ist dies schlimmer, als wenn wir gar nicht erst etwas gesagt hätten.

Sandra ertrug dieses frustrierende Erlebnis mit Geduld. Genau dazu beruft uns Gott.

Amerika: Eine jammernde Nation?

Kommt es dir manchmal so vor, als würde sich unser Land ständig nur beschweren? Ist dir schon einmal aufgefallen, wie lang die Schlangen an den Reklamationsschaltern sind und wie groß das Gemecker ist, wenn die Leute erst einmal an der Reihe sind?

In der heutigen Zeit gibt es so viel Gemotze, Gemecker und Gerede – und so wenig Dankbarkeit und Wertschätzung. Warst du schon einmal dabei, als deine Freunde über zu wenig Geld oder über die Schule, über ihre Familie und über ihre »anderen« Freunde gemeckert haben? Und hast du dich auch schon mal gefragt, ob sie sich auch über dich ihre Münder zerreißen, wenn du nicht dabei bist?

Ich reise in den ganzen amerikanischen Staaten umher und ich möchte dir sagen: Es gibt Menschen, die in Obdachlosenheimen eingepfercht sind oder an Suppenküchen Schlange stehen, und sie würden gerne mit deinen Meckerfreunden tauschen.

Wie sieht es mit deinen Eltern aus? Haben sie sich schon einmal über »ihren Chef«, »die lange Arbeitszeit« oder »die schlechte Bezahlung« beklagt? Ich kenne Dutzende von Menschen, die gerne den miserabelsten Chef der Welt hätten, wenn sie nur einen Job, irgendeinen Job, hätten.

In Philipper 4,6 lesen wir: *Sorgt euch um nichts, sondern betet um alles. Sagt Gott, was ihr braucht, und dankt ihm.*

In diesem Bibelwort gibt Paulus uns den Rat, wie wir mit den Sorgen des Lebens umgehen sollen: mit Danksagung in *allen* Lebenslagen. Paulus hat diese Worte wirklich mit Bedacht gewählt. Er sagt nicht, dass man *für* alle Lebenslagen dankbar sein soll, sondern *in* allen Lebenslagen.

Deshalb brauchst du auch nicht zu beten: »Gott, ich danke dir so sehr für mein gebrochenes Bein. Ich liebe es, ein gebrochenes Bein zu haben. Ich wollte schon immer gerne eins haben. Gebrochene Beine sind ein MUSS! Könntest du mir bitte das andere auch noch brechen?«

Sondern während du leidest und durch den schmerzvollen Heilungsprozess hindurchmusst, brauchst du nicht immer nur auf dein Bein zu achten. Betrachte dein Leben insgesamt und danke Gott für die Dinge, die wirklich gut laufen. Danke ihm, dass deine Verletzungen nicht schlimmer sind.

Der Herr zeigte mir Folgendes. Er sagte: »Joyce, warum sollte ich dir die Dinge geben, um die du mich bittest? Du bist überhaupt nicht dankbar für das, was du hast, sondern ganz im Gegenteil, du bist auch noch voller Sorgen darüber. Warum sollte ich dir nun noch mehr geben, über das du dich beschweren kannst?«

Er zeigte mir: Wenn mein Leben nicht auf einer grundlegenden Dankbarkeit aufgebaut ist, werden meine Gebetsanliegen auch nicht erhört werden. Und deine auch nicht. Gott sagt nicht: »Bete mit Klagen.« Er sagt: »Bete mit Danksagung, und zwar jedes Mal.«

Wie schon gesagt, wirkliche Geduld ist nicht einfach die Fähigkeit, warten zu können. Es ist wie bei den langen Warteschlangen an den Reklamationsschaltern. Die Menschen warten zwar, doch viele von ihnen rollen mit den Augen, fluchen leise vor sich hin oder seufzen alle zwölf Sekunden gereizt. Diese Menschen sind bestimmt nicht geduldig.

Geduld ist die Fähigkeit, sich eine gute innere Haltung zu bewahren, während man wartet. Genau das hat Jesus getan.

FINSTERE GEDANKEN-ECKE NR. 6

»Vielleicht ist mein Verhalten nicht richtig – doch das ist nicht meine Schuld.«

Hast du schon einmal so etwas gesagt wie:

»Normalerweise verliere ich nicht meine Selbstbeherrschung, doch meine Mutter kann mich so provozieren, dass ich dann total ausflippe!«

»Mein Lehrer kann mich nicht ausstehen. Deshalb bekomme ich auch schlechte Zensuren und habe ständig Ärger mit ihm.«

»Einige meiner Freunde haben einen schlechten Einfluss auf mich. Eigentlich komme ich nie in Schwierigkeiten, außer wenn ich mit ihnen abhänge.«

»Ich wollte eigentlich gar keine sexuelle Beziehung, doch mein Freund hat irgendwie Macht über mich.«

»Ich wollte nie mit Drogen anfangen, doch meine Freunde haben mich dazu überredet.«

Wenn wir etwas Falsches tun und besonders dann, wenn wir etwas Falsches tun und dabei erwischt werden, zeigen wir gerne mit dem Finger auf andere. Leider fassen wir uns fast nie an die eigene Nase.

Ich weiß das aus eigener Erfahrung. Unzählige Male habe ich mit dem Finger auf meinen Mann Dave gezeigt. Ich erinnere mich noch, wie ich Gott lautstark darum bat, meinen Mann Dave zu verändern. Während ich meine Bibel gelesen hatte, waren mir einige der dort genannten Fehler und Mängel ins Auge gesprungen, die ich auch schon bei meinem Mann Dave entdeckt hatte. Dave musste sich also ändern, beschloss ich. Und dann würden sich auch die Probleme in unserer Beziehung ändern.

Es ging dabei zum Beispiel um:

»Wenn Dave nur nicht immer samstags Golf spielen würde, wäre ich nicht so ärgerlich auf ihn.«

»Wenn Dave mehr mit mir reden würde, wäre ich nicht so einsam.«

»Wenn Dave mir mehr schenken würde, wäre ich nicht so negativ.«

»Wenn Dave mir mehr helfen würde, auch mal aus dem Haus herauszukommen, wäre mein Leben nicht so trist.«

Doch dann sprach Gott zu mir. »Joyce«, sagte er, »nicht Dave ist hier das Problem. Du bist es.«

Auf diese Botschaft reagierte ich echt reif. Ich weinte und weinte und weinte, drei Tage lang, während Gott mir zeigte, wie es ist, mit Joyce Meyer unter einem Dach zu wohnen. Er zeigte mir, wie ich versuchte, immer alles zu kontrollieren, wie ich herumnörgelte und meckerte, wie schwer es war, mich zufriedenzustellen und auch, wie negativ ich war. So konnte die Liste weitergeführt werden. Das Ganze war ein Schock für mich und verletzte meinen Stolz. Doch es war auch der Anfang einer von Gott eingeleiteten Heilung.

Ich hatte es mir zur Angewohnheit gemacht, allem und jedem die Schuld für etwas in die Schuhe zu schieben, nur nicht mir. Wenn ich mich schlecht benahm, gab ich Dave die Schuld dafür, oder dem Missbrauch, den ich erlebt hatte. Doch Gott sagte mir: »Joyce, der Missbrauch ist vielleicht der *Grund* dafür, warum du dich so benimmst, doch lass ihn nicht zur *Entschuldigung* werden, warum du nichts änderst!«

Das war für mich eine wirklich befreiende Offenbarung: Ein Grund muss nicht gleichzeitig eine Entschuldigung sein.

Natürlich will der Teufel dass wir weiterhin faule Entschuldigungen benutzen. Er will verhindern, dass wir der Wahrheit ins Gesicht sehen. Wir sollen ruhig furchtsam in der Ecke kauern, anstatt uns mit uns selbst auseinanderzusetzen und es zu wagen, uns selbst und unser Verhalten einmal zu hinterfragen. (Ja, wir können oft der Wahrheit bei den Problemen anderer besser ins Gesicht sehen und haben auch kein Problem damit, es ihnen unverblümt zu sagen.)

Wenn wir Gott um Vergebung bitten, können wir wirklich frei davon werden, anderen ständig die Schuld in die Schuhe schieben zu müssen. Gott ist bereit, uns zu vergeben, wenn wir wirklich Buße tun, doch wir können nur dann Buße tun, wenn wir uns mit unserer inneren Einstellung und mit unseren Fehlern wirklich auseinandersetzen. Und wenn wir der Wahrheit dann ins Gesicht sehen, so werden wir nicht nur zugeben, etwas falsch gemacht zu haben, sondern wir werden keine Entschuldigungen mehr für unser schlechtes Verhalten suchen.

Ich meine das so: Eine Nachbarin rief mich eines Tages an und bat mich, sie zur Bank zu fahren. Ihr Auto sprang nicht an und sie musste noch zur Bank, bevor sie geschlossen wurde.

Als sie anrief, hatte ich gerade viel zu tun und wollte nicht unterbrochen werden. Ich war unhöflich und ungeduldig zu meiner Nachbarin, legte den Hörer auf und mir wurde sofort klar, wie schrecklich ich mich benommen hatte. Ich wusste, ich sollte sie zurückrufen, um mich zu entschuldigen und sie dann zur Bank zu bringen. Doch ich bemerkte, wie in mir viele Entschuldigungen hochkamen:

»Ich habe mich nicht gut gefühlt, als sie anrief.«

»Ich war beschäftigt. Sie rief zu einer wirklich ungünstigen Zeit an.«

»Ich hatte einen schweren Tag.«

Doch tief in meinem Geist konnte ich spüren, wie der Geist Gottes mich aufforderte, damit aufzuhören, nach Entschuldigungen zu suchen. Gott zeigte mir, was ich tun sollte: »Ruf sie an und sag ihr, dass dein Verhalten nicht richtig war, Punkt. Sag nur: ›Es war falsch von mir und es gibt keine Entschuldigung für mein Verhalten. Bitte vergib mir und erlaube mir, dich zur Bank zu fahren.‹«

Es war wirklich hart für mich, diese Worte zu sagen. Mein Stolz stand mir im Weg. Am liebsten wäre ich vor meiner Verantwortung weggerannt, hätte gerne weitere Entschuldigungen vorgebracht, nur um der Wahrheit nicht ins Gesicht sehen zu müssen. Doch vor der Wahrheit kannst du dich nicht verstecken, denn die Wahrheit ist Licht. Sie wird dich in jeder noch so finsteren Ecke, in der du versuchst, dich zu verkriechen, finden.

Doch mach dir keinen Stress, wenn du dich mit der Wahrheit auseinandersetzt. Denn die Wahrheit macht dich frei, damit du ein überschäumendes Leben genießen kannst, so wie Gott es für dich geplant hat.

Ich kann verstehen, dass es etwas in deiner Vergangenheit oder auch in deiner Gegenwart gibt, was dich verletzt hat. Vielleicht war es eine Person oder ein Ereignis oder auch Lebensumstände, die du durchleben musstest. Diese Dinge können in dir eine falsche Einstellung und auch falsches Verhalten erzeugt haben, doch schieb sie nicht immer als Entschuldigungen vor.

Mir ist zweifellos klar, dass viele meiner Verhaltensprobleme auf die vielen Jahre des sexuellen, verbalen und emotionalen Missbrauchs zurückzuführen waren, den ich durchleben musste. Und so lange ich meine zerstörerischen Verhaltensmuster damit entschuldigte, ein Missbrauchsopfer zu sein, blieb ich in ihnen gefangen.

Ich bin hier, um dir zu sagen, dass du wirklich frei von deiner Vergangenheit sein kannst, von allem, was dich niederdrückt. Gott hat uns versprochen: »Ich werde dich nicht verlassen noch von dir weichen«, deshalb häng dich an ihn und lass dich von ihm in die Freiheit führen!

FINSTERE GEDANKEN-ECKE NR. 7

»Ich habe ein Recht darauf, mir leidzutun – mein Leben ist ätzend!«

Während ich mich darum bemühte, den Schmerz meiner Vergangenheit zurückzulassen und die Zukunft positiv zu betrachten, wurde mir klar, wie schwer es ist, Selbstmitleid aufzugeben. Mit diesem Mitleid hatte ich mich in all den Jahren selbst getröstet, als ich verletzt wurde.

Doch während ich einmal wieder in Selbstmitleid schwelgte, sprach der Herr zu mir. Er sagte: »Joyce, sei entweder selbstmitleidig oder sei stark, aber du kannst nicht beides gleichzeitig sein.«

Weißt du, in dem Moment, wo uns jemand verletzt oder wir enttäuscht werden, flüstert der Feind uns Lügen zu und betont dabei, wie grausam und ungerecht wir behandelt wurden. Wir fangen an, seinen Lügen zuzuhören und sie winden sich um uns herum und wickeln uns ein. So werden wir zu Gefangenen des Selbstmitleids.

Doch die Bibel erlaubt es uns nicht, uns selbst zu bemitleiden. »Konzentriere dich auf andere und nicht auf dich selbst«, ist sogar eine zentrale, biblische Aussage.

Neulich wurde ein Termin, zu dem ich als Sprecherin eingeladen war, unerwartet abgesagt. Ich hatte mich schon sehr auf dieses Ereignis gefreut und ich fühlte eine große Enttäuschung in mir hochsteigen.

Es gab Zeiten in meinem Leben, da hätte mich so eine Absage in ein Loch voller Selbstmitleid fallen lassen. Und während ich da unten gesessen hätte, hätte ich die Organisatoren der Veranstaltung kritisiert, sie verurteilt und sehr schlecht über sie gedacht.

Doch ich habe gelernt, dass es in diesen Situationen am besten ist, sich zu entspannen und lieber gar nichts zu sagen, als das Falsche.

Als ich so still dasaß, zeigte Gott mir die Situation aus dem Blickwinkel der Menschen, die diese Veranstaltung geplant hatten. Sie konnten kein geeignetes Gebäude finden, in dem sie die Veranstaltung hätten stattfinden lassen können und Gott half mir, zu erkennen, wie enttäuschend diese misslungene Planung wohl für sie gewesen sein muss. Sie hatten mit dieser Veranstaltung gerechnet, sie hatten sich sogar mit großen Erwartungen darauf gefreut und nun waren ihre Hoffnungen wie Seifenblasen zerplatzt.

Ich war erstaunt, wie leicht man Selbstmitleid vermeiden kann, wenn man sich einmal die andere Seite der Münze anschaut und nicht nur auf sich selbst achtet.

Als Christen haben wir das seltene Privileg, uns nach Enttäuschungen wieder umbesinnen zu können. Dann können wir den Blick wieder von uns wegwenden, und einer anderen Person zuwenden. Gott selbst gibt uns einen Neuanfang, wenn wir verhindern, dass uns das Selbstmitleid in alten Verhaltensmustern gefangen hält.

Ich habe viele Jahre meines Lebens durch Selbstmitleid verschwendet. Ich wurde von Selbstmitleid abhängig. Auf bestimmte Situationen reagierte ich schon automatisch damit. Wenn Enttäuschungen kamen, reagierte ich mit Selbstmitleid.

Anstatt einmal »darüber nachzudenken, worüber ich eigentlich nachdachte«, ließ ich falsche Gedanken in meinen Kopf. Und je mehr falsche Gedanken sich aufstauten, umso bemitleidenswerter fühlte ich mich.

Oft erzähle ich Geschichten aus der Zeit, als ich frisch verheiratet war. Während der Football-Saison schaute Dave jeden Sonntagnachmittag NFL-Spiele im Fernsehen. (Wenn gerade keine Football-Saison war, hatte bestimmt eine andere Ballsportart Saison.) Dave liebte das ganze Jahr über Sport. Er liebte alles, was mit einem Ball zu tun hatte und er konnte sich schnell von einem Spiel vereinnahmen lassen. Und zwar so vereinnahmen, dass er meine Existenz nicht einmal mehr bemerkte. Wie du dir vielleicht vorstellen kannst, konnte ich mich für *keine* Sportart begeistern.

Eines Tages stand ich vor Dave und sagte: »Ich fühle mich überhaupt nicht gut. Ich glaube, ich muss sterben.«

Ohne auch nur den Blick vom Bildschirm zu nehmen, antwortete er: »Wow, Liebling, das ist ja toll.«

Deshalb verbrachte ich viele Sonntage damit, ärgerlich zu sein und mir selbst leidzutun. Ich wurde auf Dave wütend und fing an, das Haus sauber zu machen. Ich versuchte alles, um ihm ein schlechtes Gefühl zu geben, weil er nur dasaß und sich amüsierte, während ich mich so miserabel fühlte. Ich raste durch das Haus wie ein putzender Tornado. Ich knallte die Türen und Schubladen zu, marschierte durchs Haus und saugte den Raum, in dem er saß, sehr sorgfältig und zeigte ihm, wie schwer ich arbeitete.

Ich wollte seine Aufmerksamkeit, doch er bemerkte mich kaum. Deshalb gab ich irgendwann auf, ging in das hintere Badezimmer, setzte mich auf den Boden und weinte. Je mehr ich weinte, umso mehr tat ich mir leid. (Später offenbarte mir Gott, warum Frauen immer zum Weinen ins Badezimmer gehen.

Nun, das Badezimmer hat große Spiegel, in die wir starren können, um zu sehen, wie bemitleidenswert wir sind.)

Nach solchen langen Weinattacken sah ich dann so schlecht aus, dass ich sofort wieder anfing zu weinen, wenn ich mein Spiegelbild sah. Zu guter Letzt ging ich dann noch einmal sehr langsam und traurig dreinblickend durch das Wohnzimmer. Manchmal schaute Dave dann kurz hoch, immerhin lang genug, um mich überhaupt zu bemerken – und fragte mich, ob ich denn auf dem Weg in die Küche sei und ob ich ihm etwas Eistee mitbringen könnte.

Unterm Strich musste ich erkennen: Die Mitleidstour schlug nicht an. Stattdessen war es für mich gefühlsmäßig sehr anstrengend und ich wurde sogar oft körperlich krank.

Mit der Zeit begriff ich jedoch, dass Gott uns nicht auf unsere, sondern auf seine Weise befreit. Nur Gott kann Menschen verändern. Glaube mir, niemand sonst als nur der Allmächtige selbst hätte Dave davon überzeugen können, nicht mehr so viel Sport im Fernsehen zu schauen.

Und während ich anfing, Gott in diesen Dingen zu vertrauen und aufhörte, in Selbstmitleid zu zerfließen, wenn es nicht so lief, wie ich es mir vorstellte, wurde auch Dave ausgeglichener, was das Ansehen seiner Sportsendungen anging.

Dave liebt immer noch Sport, doch das stört mich nicht mehr. Ich nutze seine Fernsehzeit zu Dingen, die ich gerne tue, anstatt wie ein Putzteufel durchs Haus zu toben.

Wenn ich wirklich möchte, dass Dave einen Sonntagnachmittag mit mir verbringt, dann frage ich ihn ganz lieb und nicht wütend. Meistens kommt er mir dann entgegen.

Natürlich gibt es immer noch Zeiten, in denen es anders läuft, als ich es mir wünsche. Doch sobald ich fühle, wie meine Emotionen wieder hochfahren, bete ich: »Oh Gott, hilf mir, diesen Test zu bestehen.« Und er ist treu und hilft mir, den Test mit wehenden Fahnen zu bestehen.

FINSTERE GEDANKEN-ECKE NR. 8

»Ich bin kein besonders guter Mensch. Deshalb verdiene ich Gottes Segen nicht.«

Wir haben darüber gesprochen, wie wir anderen die Schuld für die negativen Dinge in unserem Leben in die Schuhe schieben können. Doch man kann bei diesem »Wer ist Schuld an was«-Spiel auf beiden Seiten vom Pferd fallen. Es gibt nämlich Menschen, die immer und für alles sich selbst die Schuld geben. Ich meine nicht diejenigen, die für ihr Handeln und für ihre Reaktionen im richtigen Maße die Verantwortung übernehmen, nein, ich spreche von denjenigen, die sich unwürdig fühlen. Sie fühlen sich so unwürdig, dass sie glauben, sie hätten alles, was ihnen an Schlechtem widerfährt, absolut verdient.

Traurigerweise durchleben viele Menschen ein doppeltes Maß an Schuldgefühlen. Es kann zum Beispiel sein, dass ein junges Mädchen seinen Onkel hasst, weil er es körperlich missbraucht hat. Doch gleichzeitig hat es das Gefühl, selbst nicht in

Ordnung oder unrein zu sein, weil es sonst sicherlich nicht missbraucht worden wäre.

Ich dachte früher genau so. Ich kritisierte, verurteilte und beschuldigte andere und fühlte mich doch selbst immer schuldig. Oft gab ich mir die Schuld für die schlechten Dinge, die mir widerfahren waren, auch wenn vieles davon bereits in meiner Kindheit geschehen war und ich es niemals hätte verhindern können. Ich fühlte mich schuldig und schämte mich.

Gnade ist Gottes Geschenk, Gottes Kraft für uns. Durch Gnade zeigt er uns seine Zuneigung. Gnade hilft uns, die Dinge mit Leichtigkeit zu bewältigen, die wir nicht alleine geschafft hätten. Falsche Schuldgefühle hingegen kommen vom Teufel, nicht von unserem Herrn. Sie teilen uns mit: »Du bist schlecht, du solltest dich für das schämen, was du getan hast und was du denkst. Du hast Gottes Liebe und seine Hilfe nicht verdient.«

Falsche Schuld- und Schamgefühle vergiften unsere Gedanken. Du schämst dich für das, was dir angetan wurde, schämst dich aber auch für dich selbst als Person. Genau so habe ich mich gefühlt. Ganz tief drinnen gefiel mir die Person nicht, die ich war.

Doch das Schöne an der Vergebung Gottes ist, dass wir auf negative Gedanken wie »Du verdienst den Segen Gottes nicht!« mit »Ich weiß, aber er segnet mich trotzdem!« antworten können.

In Wirklichkeit gibt es niemanden, der Gottes Segen wirklich verdient hätte. Wenn man sich den Segen wirklich verdienen könnte, wäre er kein Segen mehr. Im Römerbrief lesen wir, dass der Lohn der Sünde der Tod ist, doch die freiwillige Gabe Gottes ist das ewige Leben. Hier wird unterschieden zwischen dem, was wir verdienen können und dem, was Gott uns aus lauter Gnade und Liebe heraus schenkt.

Wir haben Gottes Segen nicht verdient. Doch wir können seine Segnungen demütig und dankbar annehmen. Wir können sie genießen und uns darüber freuen, wie gut er ist und wie sehr er uns liebt!

FINSTERE GEDANKEN-ECKE NR. 9

»Warum sollte ich nicht neidisch sein? Die meisten Menschen sind besser dran als ich!«

Der Gewinner erhält alles. So lautet das Prinzip der Welt. Wenn du nicht die Nummer eins sein kannst, bist du ein Verlierer. Oft bekommen wir zu hören: »Wenn du ganz nach oben willst, musst du deine Ellenbogen benutzen – egal bei wem.«

Die Bibel lehrt uns das Gegenteil. Wir finden erst wahren Frieden, wenn wir uns davon befreit haben, immer reicher, stärker, beliebter, gut aussehender und erfolgreicher als alle anderen sein zu wollen.

Hast du dir schon mal die verschiedenen »Reality Shows« angeschaut, in denen Leute, die sich vorher nicht kannten, sich einen Wettstreit liefern und plötzlich zu bitteren Feinden werden? Dieser Wettstreit ufert oft so sehr aus, dass die Teilnehmer gar nicht mehr daran denken, dass die Sendung mit allem Drum und Dran im ganzen Land ausgestrahlt wird. Anstatt diese Gelegenheit, die nur wenige Menschen überhaupt bekommen, zu genießen, streiten sie sich öffentlich, sind hinterhältig und machen sich selbst und anderen das Leben zur Hölle.

Natürlich solltest du immer dein Bestes geben, in der Schule, beim Sport, beim Theater spielen, beim Musizieren oder was auch immer du gerne machst. Doch wenn du das, was du tust, nicht mehr gerne machst, weil du nicht der oder die Beste bist, dann ist das ein Problem. Wenn du jedes Mal eifersüchtig oder bitter wirst, wenn du jemanden siehst, der etwas hat, was du nicht hast, dann wirst du unglücklich werden.

Ich gehe sogar so weit zu sagen, dass Eifersucht und Neid zu den Qualen gehören, die direkt aus der Hölle kommen. Jahrelang habe ich die beneidet, die besser aussahen oder talentierter waren als ich. Insgeheim war ich sogar im Wettstreit mit anderen Missionswerken. Es war mir so wichtig, dass »mein« Dienst größer war, mehr Besucher zu den Veranstaltungen anzog und ein größeres Budget aufweisen konnte. Wenn dann das Missionswerk einer anderen Person mein Werk überholte, weil Gott ihn oder sie segnete, wollte ich mich zwar für diese Person freuen und doch war da etwas in mir, das mich davon abhielt.

Ich denke gerade an eine Freundin von mir. Gott beschenkte sie mit einer Gabe, die ich mir schon lange gewünscht hatte. Ich hielt diese Freundin eigentlich für weniger geistlich als mich selbst. Und so wurde ich sehr eifersüchtig, als sie an meiner Tür klingelte und mir lang und breit erzählte, was Gott für sie getan hatte. Ich tat so, als würde ich mich freuen, doch in Wirklichkeit freute ich mich nicht.

Als meine Freundin dann gegangen war, war ich schockiert über die Gedanken, die da in meinem Kopf abliefen. Ich war ärgerlich mit Gott, weil er diese Frau gesegnet hatte, denn meiner Meinung nach hatte sie es nicht verdient. Immerhin war ich es, die zu Hause geblieben war, gefastet und gebetet hatte, während sie mit ihren Freunden draußen herumgerannt war und

Spaß gehabt hatte. Ich war eine regelrechte religiöse Wichtigtuerin.

Doch Gott hatte andere Pläne. Er wusste, was ich wirklich brauchte, während ich nur darauf bedacht war, was ich *wollte*. Für mich war es dran, meine schlechte Einstellung zu ändern und das wusste er. Das war wichtiger für mich, als all dieser »Segen«, um den ich ihn gebeten hatte. Gott hatte es so geführt, dass ich mich selber wahrnehmen konnte und endlich bemerkte, wie sehr der Teufel meine innere Einstellung beeinflusst hatte.

Doch zum Glück wurde mir auch immer bewusster, wie Jesus mich sah. Das befreite mich davon, mich immer mit anderen messen zu müssen. Je mehr ich lernte, Gott zu vertrauen, je mehr Freiheit erlebte ich. Ich durfte wissen, dass mein himmlischer Vater mich liebt und das Beste für mich tun wird.

Was Gott für mich tut und was er für dich tut, mag etwas völlig anderes sein, als das, was er für andere tut. Doch schauen wir uns einmal an, was Jesus seinem Jünger Petrus geraten hat. Jesus hatte Petrus von der Bedrängnis erzählt, die er durchleben würde, um seinem Herrn zu dienen und ihn zu verherrlichen. Da wandte sich Petrus einem anderen Jünger, Johannes, zu und fragte: »Was ist mit ihm?« (Petrus wollte sichergehen, dass Johannes bei ihm sein würde und auch die harten Zeiten mit durchleiden musste, wenn er zum Leiden berufen war.)

Jesus erinnerte Petrus höflich daran, sich um seine eigenen Angelegenheiten zu kümmern. Er entgegnete Petrus: »Mach du dir keine Gedanken darüber, was ich mit den anderen tun werde. Du aber folge mir nach!«

Wenn du dich dazu entschließt, deinem Herrn zu folgen, wirst du eine erstaunliche Entdeckung machen: Er möchte dich weit über das Maß hinaus segnen, was du dir an Segnungen wünscht! Aber er liebt dich auch so sehr, dass er dich nicht über deine eigenen Kapazitäten hinaus segnet. Er wird dich mit dem segnen, was du verkraften kannst. Dann kannst du ihm die Ehre für den Erfolg geben, den du erleben wirst.

Als ich damals so eifersüchtig auf meine Freundin war, hatte Gott schon einen Plan für meinen Dienst. Er hatte vor, mich über einen Dienst zu stellen, der Millionen von Menschen erreichen würde: über Fernsehen, Radio, Bücher, Seminare usw. Doch er konnte diese Pläne erst dann Wirklichkeit werden lassen, als ich »reifer« in ihm geworden war.

Mach einmal eine Bestandsaufnahme von allen eifersüchtigen Gedanken und Gefühlen. Habe keine Angst davor, ehrlich mit dir selbst und vor Gott zu sein. Er weiß sowieso schon, wie du dich fühlst. Deshalb kannst du dich genauso gut mit ihm darüber unterhalten.

Und wenn du dann merkst, wie die Eifersucht kleine Außenposten in deinen Gedanken aufstellt, sprich einmal mit dir selbst: »Was habe ich davon, wenn ich auf einen Freund oder einen Klassenkameraden eifersüchtig bin? Gott wird mich nicht dafür segnen, wenn ich eifersüchtig bin. So macht er es ganz bestimmt nicht. Gott hat einen Plan für mein Leben und ich werde ihm vertrauen, dass er das Beste für mich tun wird. Es geht mich nichts an, was er für andere tut.«

Wenn du mit diesem Selbstgespräch fertig bist, versuche Gott zu bitten, diese Menschen, denen es bereits so gut geht, in Zukunft noch mehr zu segnen. Ernsthaft, das wird dir guttun.

Ich bete dann so: »Gott, ich bete für … Segne sie noch mehr, als du sie schon gesegnet hast. Lass es ihr gut gehen. Segne sie auf verschiedene Weisen. Ich bete für sie, weil ich dir vertraue, denn du weißt, dass ich eigentlich eifersüchtig auf sie bin. Doch ich habe mich dazu entschieden, es auf deine Art zu tun, egal ob ich mich danach fühle oder nicht.«

Ganz ehrlich, was hat man davon, wenn man darum kämpft, besser als jemand anderes zu sein? Denn sobald wir die Nummer eins sind, wird ein anderer kommen und versuchen, uns von unserem Podest zu stoßen.

Im Sport zum Beispiel werden die Weltrekorde oder auch die olympischen Rekorde ständig gebrochen. So manches ehemalige Meisterschaftsteam dümpelt jetzt auf einem Abstiegsplatz vor sich hin.

Gott half mir zu verstehen, dass Sterne nach einem kometenhaften Aufstieg zwar hell am Himmel leuchten und normalerweise viel Beachtung finden, doch nicht lange bestehen bleiben. Er sagte mir, dass es besser sei, einen langen Atem zu haben, dran zu bleiben und das, worum er mich bittet, so gut ich es kann, zu tun. Er, und nicht ich, ist verantwortlich dafür, wie hoch ich angesehen bin. Worum Gott mich auch bittet, ich bin damit einverstanden. Warum? Weil er genau weiß, was ich schaffen kann. Er weiß das viel besser als ich.

Entscheide dich dafür, dich für andere zu freuen und vertraue Gott mit allem, was du bist. Reiße die Mauern der Eifersucht nieder, die deine Gedanken gefangen halten und deine Freude einschränken. Gib Gott alle Möglichkeiten. Er wird Erstaunliches tun.

SCHLUSS-FOLGERUNG

WWJD ist deine MVW!

Wir aber haben den Sinn Christi [des Messias] und wir haben die Gedanken [Gefühle und Zielsetzungen] seines Herzens.

Die Bibel – 1. Korinther 2,16

Du hast bestimmt schon Armbänder und T-Shirts mit dem Aufdruck WWJD gesehen. Vielleicht trägst du selbst so eins. WWJD ist eine tolle Idee gewesen. Sie hilft den Menschen, sich selbst bewusst zu machen: »What would Jesus do, also, was würde Jesus tun«, bevor man eine Sache angeht.

Und doch glaube ich, dass WWJD nur die eine Seite des Kampfes beleuchtet. Wie wäre es, wenn wir WWJD einmal so ausschreiben:

Was **W**ürde **J**esus **D**enken?

Anders gesagt, *worüber* würde Jesus nachdenken und *wie* würde er darüber denken?

Es ist sehr wichtig, sich mit WWJD zu bewaffnen und dies zu seiner MVW (also Massenvernichtungswaffe) zu machen, um die Angriffe des Feindes auf deine Gedanken erfolgreich abzuwehren. Wenn du so wie Jesus handeln willst, musst du auch so wie Jesus denken. Vielleicht entgegnest du mir jetzt: »Das ist unmöglich, Joyce. Jesus war perfekt und allwissend. Es ist mir vielleicht möglich, mein Denken *zu verbessern*, aber ich werde niemals so wie er denken können!«

Du glaubst also, du kannst nicht so wie Jesus denken? Denk noch einmal darüber nach. Du kannst es doch. Wenn Gott dich in seine Familie aufnimmt, dann gibt er dir einen neuen Geist, ein neues Herz und die Fähigkeit, deine Gedanken so zu erneuern, dass du wie Jesus denken kannst.

Versuch dir einmal Folgendes vorzustellen: Ein Freund redet hinter deinem Rücken schlecht über dich, erzählt vertrauliche Dinge herum, sagt Verletzendes oder sogar die Unwahrheit über dich. Deine »natürliche« Reaktion wäre, richtig ärgerlich zu werden, ihn dafür zu hassen und es ihm heimzahlen zu wollen. Doch was würde dabei herauskommen? Stress, Spannung, Kopfschmerzen, ein schlechtes Gefühl in der Magengegend, Erschöpfung und Schlaflosigkeit, um nur ein paar Dinge zu nennen. Unsere natürlichen Denkreaktionen können uns jeglicher Energie berauben.

Wenn dein Denken aber erneuert ist und du dann anfängst, das neue WWJD-Denkprinzip zu verinnerlichen, fällt deine Reaktion anders aus. Anstatt dich nur auf das Unrecht zu konzentrieren, siehst du die Dinge realistisch. Du erkennst, dass Gott dich schon oft auf unterschiedliche Art und Weise gesegnet hat und gut zu dir ist. Und deshalb lässt du es nicht zu, dass eine kleine Begebenheit alles überschattet. Du erinnerst dich auch an Jesu liebende und vergebende Art, sogar seinen Feinden gegenüber. Vielleicht gehst du auf deinen Freund zu und versuchst, herauszufinden, warum er sich so verhalten hat. Auf jeden Fall möchtest du die Dinge klären und zahlst nicht Böses mit Bösem heim.

Wenn du das Denken Christi übernimmst, dann nimmt deine Lebensenergie nicht ab, sondern du bekommst sogar noch mehr dazu.

WWJD im Alltag

Kann man wirklich so denken, wie Jesus dachte und sich so verhalten, wie Jesus sich verhielt? Auch in den schwierigen Bereichen, wie in der Sexualität zum Beispiel? Immerhin gibt es viele, die sich vorgenommen haben, keinen Sex vor der Ehe zu haben und es doch nicht durchhalten konnten.
Hier ist ein Interview mit einer jungen Frau, die es geschafft hat, keinen Sex vor der Ehe zu haben und ihrem eigenen Versprechen damit treu geblieben ist. Lies einmal, was sie zu sagen hat und beurteile es selbst.

Sind deine Freunde, die als Teenager bereits mit ihrem Partner geschlafen haben, mit irgendeinem von ihnen noch zusammen?
Nein. Man verändert sich in seiner Jugend noch sehr. Deshalb ermutige ich auch alle Teenager, mit denen ich rede, stark zu bleiben. Wenn man im Teenageralter ist, versucht man herauszufinden, wer man eigentlich ist. Man weiß nicht, wie man sich entwickeln wird und man weiß auch nicht, wie sich der derzeitige Freund oder die momentane Freundin entwickeln wird. Ich weiß auf jeden Fall, dass sich meine Vorstellung des Traummannes, mit dem ich mein Leben verbringen wollte, im Laufe der Jahre dramatisch verändert hat, besonders als ich meine Teenagerzeit hinter mir hatte.

Wie empfinden deine Freunde die Tatsache, dass sie sich sexuell nicht rein gehalten haben, jetzt?
Viele meiner Freunde bedauern es und fühlen sich schuldig, wie sie mir sagten. Und sie haben auch kein gutes Gefühl, wenn sie an das frühere Sexualleben ihres jetzigen Ehepart-

ners denken. Eine meiner Freundinnen hat sich an ihr eigenes Versprechen gehalten und hatte keinen Sex vor der Ehe. Doch ihr Mann nicht. Er sagte ihr dies allerdings erst, nachdem sie sich verlobt hatten. Sie war so traurig, dass sie nicht die »Erste« für ihren Mann sein würde. Außerdem war sie unsicher und stellte sich alle möglichen Fragen, wie: »Was ist mit Geschlechtskrankheiten?« und »Wird mein Mann mich mit den anderen vergleichen?«

Jetzt, wo du jungverheiratet bist, wie denkst du über dein abgelegtes Versprechen, dich bis zur Ehe rein zu halten?
Es lohnt sich, Jungfrau zu bleiben, bis man verheiratet ist. Ich wusste, Gott würde mich dafür belohnen, wenn ich ihm gehorchte, doch seine Belohnung war sogar noch größer, als ich es mir vorstellen konnte. Ich meine nicht, dass die Menschen, die einen Fehler gemacht haben, keine Gnade und Vergebung empfangen werden oder eine unerfüllte Ehe haben werden. Und doch wird es umso schöner, wenn man wartet. Ich bin sehr dankbar, dass weder mein Mann noch ich sexuelle Lasten mit in unsere Beziehung geschleppt haben. Dadurch wurde alles noch intimer. Die Bibel spricht davon, dass Mann und Frau »ein Fleisch« werden, und zwar emotional, körperlich und geistlich. Denk einmal darüber nach: Wie kannst du »eins« werden mit vielen verschiedenen Menschen?

Nun, wie können wir es schaffen, wie Jesus zu denken? Versuch es einmal mit folgenden Vorschlägen …

1. **Denke positiv.** Kannst du dir vorstellen, dass Jesus mit einem Kopf voller negativer Gedanken herumgelaufen ist? Hätte er dann so viele erhebende und inspirierende Inhalte vermitteln können, wenn sein Denken von negativen Gedanken umnebelt worden wäre?

   Jesus war und ist durch und durch positiv und wenn du und ich mit ihm gehen wollen, müssen wir mit ihm Schritt halten. Ich spreche nicht darüber, sich irgendwelche positiven Gedanken einzubläuen, sondern ich meine die Fähigkeit, das Gute nicht zu vergessen, wenn uns harte Zeiten treffen. Das gibt uns Zuversicht, das Beste zu erwarten und nicht das Schlimmste zu befürchten.

Denk einmal daran, wie es Jesus erging. Über ihn wurden Lügen erzählt, er wurde im Stich gelassen, verspottet, missverstanden, betrogen und noch Schlimmeres wurde ihm angetan. Und doch blieb er in dem ganzen Negativen immer positiv. Er sagte immer etwas Aufbauendes und Ermutigendes. Er gab allen Hoffnung, die auf ihn zukamen.

Das Denken Christi ist positiv. Jedes Mal, wenn wir negativ werden, arbeiten wir nicht mit den Gedanken Christi zusammen. Millionen von Menschen haben heutzutage Depressionen und ich glaube nicht, dass man depressiv sein kann, ohne gleichzeitig eine negative Einstellung zu haben. (Ich weiß, dass es manchmal auch medizinische oder chemische Ursachen für Depressionen gibt, doch auch in diesen Fällen verstärkt eine negative Grundeinstellung die Depression und ihre Symptome noch.)

Gott möchte nicht, dass du negativ bist. In Psalm 3,3 lesen wir: *Du aber, HERR, bist … meine Ehre, und der mein Haupt emporhebt* (Elberfelder). Er möchte, dass du dem Leben mit erhobenem Kopf entgegentrittst.

Der Teufel hingegen möchte dich niederdrücken. Und es gibt nichts, was dich mehr niederdrücken könnte als ein negatives Denken. Die Probleme des Lebens können manchmal sehr entmutigend sein, doch eine negative Grundeinstellung wird nicht ein einziges Problem lösen. Es wird nur jedes Problem noch verstärken. Positive Gedanken hingegen werden Licht an die dunklen Orte deines Lebens bringen.

2. **Widerstehe der Hoffnungslosigkeit und der negativen Grundeinstellung, die dir deine Lebensenergie nehmen wollen.** Unser Geist, gestärkt und ermutigt durch Gottes

Geist, ist kraftvoll und frei. Satan will unseren Geist an die Leine nehmen und ihn mit Dunkelheit und Schwermut füllen. Es ist daher lebensnotwendig, diesen Gefühlen der Hoffnungslosigkeit und der Depression *sofort* zu widerstehen, sobald sie auf uns zukommen. Je länger du es der Hoffnungslosigkeit erlaubst, an dir zu nagen, desto schwieriger wird es, ihr zu widerstehen. Stell dir Hoffnungslosigkeit wie eine Zecke vor. Es ist besser, sie abzuschütteln, bevor sie ihren Kopf in deine Haut graben kann.

3. **Erinnere dich an die guten Zeiten.** In Psalm 143,5 schreibt der Psalmist:

   Ich gedenke der Tage der Vorzeit, überlege all dein Tun. Ich sinne nach über das Werk deiner Hände (Elberfelder).

   Wenn uns schwere Zeiten treffen und uns zurückwerfen, vergessen wir leicht, wie viele Fortschritte wir bereits gemacht haben. Das soll dir nicht passieren. Erinnere dich an die vielen Kämpfe, die du mit Gott an deiner Seite gewonnen hast. Vergiss nicht, wie viel Feindesgebiet du bereits eingenommen hast. Gib all das nicht wegen eines Rückschlages auf. Du würdest Dirk Nowitzki auch nicht aus seinem Basketballteam schmeißen, nur weil ihm ein Dunking misslungen ist, bei all den vielen Dunkings, die ihm bereits gelungen sind.

   Vergiss nicht das Gute, das Gott für dich getan hat, und für andere auch. Der Gott, der dich bis an diesen Punkt deines Lebens geführt hat, wird dich auch jetzt und in Zukunft führen. Und während du ihm folgst, wirst du sogar noch mehr gute Erinnerungen sammeln, an die du dich dann in deiner nächsten schwierigen Lebenslage erinnern kannst.

4. **Suche den Herrn im Gebet und Lobpreis.** Wenn wir uns einmal Jesu Leben in der Bibel ansehen, ist eines ganz klar: Jesus widmete sich dem Gebet. Er betete zu Gott und dankte

ihm öffentlich, doch er zog sich auch oft von den anderen zurück und verbrachte Zeiten allein im Gebet mit seinem himmlischen Vater. Es ist sehr wichtig, sich klarzumachen, dass Jesus nicht nur die ganze Zeit damit verbrachte, zu lehren, zu heilen und Menschen zu essen zu geben. Wenn für Jesus das Gebet sehr wichtig war, dann sollten wir uns daran ein Beispiel nehmen.

Nur Gott allein kann unseren durstigen Seelen zu trinken geben. Lass dir nicht einreden, dass dich irgendetwas anderes vollkommen befriedigen könnte. Gott möchte unbedingt von dir wissen, was du brauchst. Er möchte deine Bedürfnisse stillen und er möchte Zeit mit dir verbringen.

Zeiten des Gebets sollten natürlich nicht nur Zeiten sein, in denen wir zu Gott reden. Es sind auch Zeiten, in denen wir ihm zuhören. Jesus wollte von seinem Vater geführt und geleitet werden und spiegelte dabei die innere Einstellung des Psalmisten aus Psalm 143,8 wider: *Lass mich am Morgen hören deine Gnade, denn ich vertraue auf dich! Tu mir kund den Weg, den ich gehen soll, denn zu dir erhebe ich meine Seele!* (Elberfelder).

Lass es in deiner Gebetszeit zu, dass Gott dir mit seiner liebenden Güte begegnet. Sei sensibel für seine Zuwendung und seine Führung. Und vergiss nicht, wenn du wie Christus denken willst, habe Gedanken des Gebets.

5. **Denke über Gott und seine Werke nach.** Du musst nicht unbedingt in einer Kirche sein, um an Gott zu denken und über seine Wunder nachzusinnen. Ich schaue mir gerne Fernsehprogramme über die Natur, die Tiere und das Leben im Meer an, denn sie zeigen mir Gottes unvorstellbare Kraft und seine unbegreifliche Kreativität. Sie erinnern mich daran, dass Gott der Erhalter allen Lebens ist.

   Einer meiner Lieblingsbibelverse steht in Psalm 17,15, in dem vom Herrn gesagt wird: *Ich aber, ich werde dein Ange-*

sicht schauen in Gerechtigkeit, werde gesättigt werden, wenn ich erwache, mit deinem Bild [und wunderbare Gemeinschaft mit dir habe] (Elberfelder und Amplified).

Ich habe viele unglückliche Tage erlebt, weil ich, sobald ich morgens aufgewacht war, bereits schon das Falsche dachte. Ich kann wirklich sagen, dass ich vollkommen zufrieden bin, seit der Heilige Geist mir geholfen hat, den Tag mit den Gedanken Christi zu beginnen. Wenn wir früh am Morgen Gemeinschaft mit Gott haben, so ist das ein Weg, der uns sicher dahin führen wird, das Leben zu genießen, das jeder Tag mit sich bringt.

6. **Handle aus Liebe.** Wenn du meine bisherigen Ratschläge befolgst, plane in deine Andachtszeiten immer Zeiten ein, in denen du über die Liebe Gottes nachdenkst. Die Bibel geht sogar so weit, zu sagen: *Gott ist Liebe* (1. Johannes 4,8). Doch es ist schwer, Gottes Liebe zu erfahren, ohne über sie nachzusinnen.

   Bevor ich meinen ersten Gottesdienst hielt, fragte ich den Herrn, worüber ich predigen sollte. Er antwortete: »Sag meinen Kindern, dass ich sie liebe.«

   »Das wissen sie«, antwortete ich. »Ich möchte über etwas predigen, das Durchschlagskraft hat und nicht eine Sonntagsschulstunde über Johannes 3,16 halten.«

   Da sagte der Herr zu mir: »Nur wenige meiner Kinder wissen, wie sehr ich sie liebe. Wenn sie das wüssten, würden sie sich anders verhalten.«

   Deshalb fing ich an, mich mit dem Thema, wie man Gottes Liebe empfangen kann, tiefgehender zu befassen. Und ich merkte, dass auch ich hier ein großes Vakuum hatte. Der Herr führte mich zu 1. Johannes 4,16. Hier steht, dass wir uns der Liebe Gottes bewusst sein sollen und sie uns aktiv vor Augen halten sollen.

   Nun, ich wusste ganz vage, dass Gott mich liebte. Doch eigentlich sollte Gottes Liebe eine machtvolle Kraft in unserem Leben sein, wie auch in Jesu Leben. Denn Jesus zeigte uns, wie die Liebe uns durch unglaublich schmerzhafte und erniedrigende Prozesse hindurchführen kann, um am Ende trotzdem siegreich zu sein.

So forschte ich eine ganze Zeit lang über die Liebe Gottes und während meiner Studien wurde ich mir der Liebe Gottes immer bewusster. Ich dachte über diese Liebe nach. Ich verkündete sie laut. Ich fand Schriftstellen über die Liebe Gottes, dachte über sie nach und sagte sie laut auf. Über Monate tat ich das immer wieder und je mehr sich mir Gottes Liebe auf erstaunliche Weise offenbarte, umso mehr wurde sie für mich Realität.

Heute ist Gottes Liebe mir so nah, dass ich selbst in schweren Zeiten ganz sicher weiß, dass er mich liebt und ich nicht mehr in Angst leben muss, und das tröstet mich. Ich wünsche dir die gleiche Gewissheit.

Lass die Liebe dein Fundament und deine treibende Kraft im Kampf um deine Gedanken sein.

7. **Betrachte dich als gerecht, nicht als sündig.** Viele Menschen werden von negativen Gedanken über sich selbst gequält. Sie glauben, dass Gott wegen ihrer Schwachheiten und Fehler unzufrieden mit ihnen ist.

   Wie viel Zeit hast du schon verschwendet, weil du in diesem Kreislauf aus Schuldgefühlen und Selbstverdammnis gelebt hast? Hast du es bemerkt? Ich habe von »verschwendeter« und nicht von »verbrachter« Zeit gesprochen, und zwar deshalb, weil die Zeit, in der wir negative Gedanken haben, absolut verschwendete Zeit ist. Ganz gleich in welchem Zustand du auch sein magst, wenn du zu Gott kommst, kann er dich rein und makellos machen. Er vergibt dir alle deine Sünden. In 2. Korinther 5,21 lesen wir, dass wir durch Christus zur Gerechtigkeit Gottes werden. Denke einmal einen Augenblick darüber nach.

   Christus ermöglicht es dir, gerecht zu sein. Du bist gerecht vor Gott. Das gilt für jeden, der sich ihm zuwendet. Lass dieses Wissen Ausgangspunkt deiner Gedanken sein, die du über dich selbst und über andere denkst. Ermutige dich und ermutige auch die anderen um dich herum.

8. **Sei dankbar.** Jesus war ein lebendes Beispiel für Psalm 34,2, in dem David bekennt:
   Ich will den Herrn allezeit loben und nie aufhören, ihm zu danken. Er dankte Gott in schweren Zeiten, in triumphalen Zeiten und sogar bei Mahlzeiten.

Wir können dem Lebensstil Jesu und seiner inneren Einstellung nacheifern, indem wir dankbare Menschen sind. Menschen, die mit Dankbarkeit Gott gegenüber, aber auch den Menschen um sie herum gegenüber, erfüllt sind. Wenn jemand etwas Nettes für dich tut, dann zeige ihm, wie lieb du das findest. Zeige deiner Familie deine Wertschätzung. Natürlich haben sie auch Fehler, doch halte das Gute, das sie dir in deinem Leben getan haben, nicht für selbstverständlich.

Ich bin schon lange verheiratet und mein Mann weiß, dass ich ihn sehr schätze. Und doch *sage* ich es ihm auch immer wieder, wie sehr ich ihn zu schätzen weiß. Ich danke ihm für seine Geduld und auch für seine anderen wirklich tollen Eigenschaften. Wenn wir die Menschen wissen lassen, wie sehr wir sie wertschätzen, dann werden unsere Beziehungen gestärkt.

Ich habe mit vielen Menschen zu tun und es erstaunt mich immer wieder, wie dankbar manche Menschen für die kleinsten Kleinigkeiten sind, während andere einfach nie zufrieden sind, egal wie viel für sie getan wurde. Ihrer Meinung nach verdienen sie nur das Beste und deshalb sind sie kaum dankbar.

Dankbare Worte sind sehr wichtig. Sie sind für diejenigen wertvoll, die sie hören, doch sie setzen auch Freude in uns frei, während wir sie aussprechen.

Deshalb denke täglich über die Dinge nach, für die du dankbar sein solltest. Sag Gott Danke schön! Während du das tust, wirst du erleben, wie sich dein Herz mit Leben und Licht füllt.

Wenn du glaubst, was Gott sagt, dann hast du das Denken Christi. Es fällt mir keine bessere Nachricht ein, die ich dir jetzt sagen könnte. Ich hoffe, die in diesem abschließenden Kapitel aufgeführten Punkte werden dir helfen, das Denken Christi anzuwenden. Deshalb frage dich selbst immer wieder: »**W**as **W**ürde **J**esus **D**enken? WWJD?« Worüber würde Jesus nachdenken? (Denke daran, wenn er über etwas nicht nachdenken würde, dann mach du es auch nicht.) *Wie* würde er über die Dinge denken, über die es sich lohnt nachzudenken?

Wenn du es dir angewöhnst, darauf zu achten, was du denkst, dann kannst du sichergehen, dass sich keine zerstörerischen Gedanken des Feindes in deinen Kopf einschleichen.

Der Teufel hat zwar einen Krieg gegen deine Gedanken begonnen, doch du verfügst über die Waffen, um ihn zu gewinnen: Waffen wie Liebe und Gebet. Außerdem ist in deinem Waffenarsenal auch die Fähigkeit, so denken zu können, wie Jesus dachte, seinen Sinn zu haben. Denke einmal über meine beiden letzten Sätze nach. Hat Satan da noch irgendeine Chance, wenn er nicht nur dein Denken, sondern auch den Sinn Christi bekämpft? Er wird haushoch verlieren.

Mit dieser Wahrheit im Kopf ist es mein innigstes Gebet, dass dieses Buch dir helfen soll, jede Lüge, jede Einbildung und auch jede Vorstellung, die sich gegen Gott stellt, zu zerstören. Ich bete dafür, dass jeder deiner Gedanken von unserem Herrn Jesus Christus geleitet wird. Er liebt dich und seine Liebe wird nie vergehen.

Hast du eine Beziehung zu Gott?

Gott liebt dich! Er hat dich als eine besondere, einzigartige, einmalige Person erschaffen und er hat einen guten Plan für dein Leben. Durch eine persönliche Beziehung zu deinem Schöpfer – zu Gott – kannst du ein Leben entdecken, das deine Seele wahrhaftig zufrieden machen wird.

Ganz gleich wer du bist, was du getan hast, wo du gerade in deinem Leben stehst: Gottes Liebe und Gnade sind größer als deine Sünde, deine Fehler. Jesus hat sein Leben bereitwillig gegeben, damit du Vergebung von Gott und ein neues Leben durch ihn empfangen kannst. Er wartet nur darauf, dass du ihn einlädst, dein Retter und Herr zu sein.

Wenn du bereit bist, dein Leben Jesus ganz anzuvertrauen und ihm zu folgen, musst du nichts weiter tun, als ihn zu bitten, dass er dir deine Sünden vergibt und dir einen Neustart schenkt, um das Leben zu führen, zu dem du erschaffen bist. Am Anfang kann das folgende Gebet stehen:

Jesus, danke, dass du dein Leben für mich gegeben hast und mir meine Sünden vergibst, sodass ich eine persönliche Beziehung zu dir haben kann. Die Fehler, die ich gemacht habe, tun mir von Herzen leid und ich weiß, dass ich dich und deine Hilfe brauche, um richtig leben zu können.

Dein Wort sagt in Römer 10,9: »Wenn du mit deinem Mund bekennst, dass Jesus der Herr ist, und wenn du in deinem Herzen glaubst, dass Gott ihn von den Toten auferweckt hat, wirst du gerettet werden.« Ich glaube, dass du der Sohn Gottes bist, und bekenne dich als meinen Retter und Herrn. Bitte nimm mich an, so wie ich bin, und wirke in meinem Herzen. Mach mich zu dem Menschen, der ich nach deinem Willen sein soll. Ich möchte für dich leben, Jesus, und ich bin so dankbar, dass du mir heute einen Neuanfang für ein Leben mit dir schenkst.

Ich liebe dich, Jesus!

Es ist wunderbar zu wissen, dass Gott uns so sehr liebt! Er wünscht sich eine tiefe, persönliche Beziehung zu uns, die jeden Tag wächst, während wir durch Gebet und Bibelstudium Zeit mit ihm verbringen. Wir möchten dich in deinem neuen Leben mit Jesus Christus ermutigen.

Auf unserer Website joyce-meyer.de gibt es auch andere Materialien, die dir helfen können, Fortschritte auf deiner Entdeckungsreise hin zu allem zu machen, was Gott für dich bereithält. Außerdem empfehlen wir dir, an einem Glaubensgrundkurs teilzunehmen, z. B. an einem »Alpha-Kurs«. Unter alphakurs.de findest du sicher ein Treffen in deiner Nähe.

Herzlichen Glückwunsch zu deinem Neustart – deinem Leben mit Jesus Christus! Wir hoffen, bald von dir zu hören.

Anmerkungen

Kapitel 1

1 In: Christian Retailing, 22.08.2005, Seite 48.
2 Rand Health: »Does Watching Sex on Television Influence Teens' Sexuality?«, www.rand.org/publications/RB/RB9068/RB9068.pdf [Stand: 17.03.11].
3 Richards, Sarah E.: »She drank herself to death«. In: Seventeen, 5 (2005), S. 112–113.
4 Redaktionsmitglied, »Racism Today«. In: Seventeen, 5 (2005), S. 114–115.
5 The National Campaign: »Parents and Teen Pregnancy: What Surveys Show«, http://www.thenationalcampaign.org/national-data/pdf/Parentspollingfactoids2004.pdf [Stand: 17.3.2011].
6 »Some Sobering Facts on Alcohol and Teen Pregnancy« Washington, DC: The National Campaign to Prevent Teen Pregnancy, 1998.
7 Everson, Eva Marie/Everson, Jessica: *Sex, Lies, and the Media.* Colorado Springs: Cook Communications, 2005.
8 National Adolescent Health Information Center: »NAHIC 2006 Fact Sheet on Suicide« http://nahic.ucsf.edu//downloads/Suicide.pdf [Stand: 17.03.11].
9 »Research & Data: Stats and Facts«, www.purerevolution.com/purerevolution/adult/ [Stand: 28.10.05].
10 Hafer, Todd/Hafer, Jedd: *Wake up and Smell the Pizza.* Minneapolis, MN: Bethany House Publishers, 2005.
11 Springen, Karen: »Beyond the Birds and the Bees«. In: Newsweek, 25.04.2005, S. 61.
12 »Partnership for a Drug-Free America«. In: Runner's World, 10 (2005).

13 Everson, Eva Marie/Everson, Jessica: *Sex, Lies, and the Media.* Colorado Springs: Cook Communications, 2005.

Kapitel 6

1 The Sam Spady Foundation: Newsletter April 2005, http://www.samspadyfoundation.org/newsletter_pdfs/0405.pdf [Stand: 17.03.2011].

2 Planned Parenthood: »White Paper Adolescent Sexuality«, http://www.plannedparenthood.org/files/PPFA/adsex_01-01.pdf [Stand: 17.03.2011].

3 Rand Health: »Does Watching Sex on Television Influence Teens' Sexuality?«, http:www.rand.org/publications/RB/RB9068 /RB9068.pdf [Stand: 17.03.2011].

4 Morbidity and Mortality Weekly Report: »MMWR: Youth Risk Behavior Surveillance – USA 2003: Sexual Intercourse Before Age 13 Years«, http://www.cdc.gov/mmwr/PDF/SS/SS5302.pdf, S. 20 [Stand: 17.03.2011].

5 Jumpstart Coalition for Personal Financial Literacy: »Making the Case for Financial Literacy: Undergraduate and Graduate Students«, http://www.jumpstartcoalition.com/upload/Personal%20Financial%20Stats%202005%20Letterhead.doc [Stand: 22.11.2005].

6 Redaktionsmitglied, »Playing Risk«. In: Men's Health, 1/2 (2005), S. 36.

7 Ebd.

8 Ebd.

9 Parents. The Antidrug: »Marijuana and Mental Health: An Open Letter to Parents«, http://www.theantidrug.com/pdfs/Mental_Health_Open_Letter.pdf [Stand: 17.3.2011].

10 Jugendamt der Stadt Nürnberg: »JUGENDSCHUTZ – Sexualität«, http://www.jugendamt.nuernberg.de/downloads/jugendschutz_sexualitaet.pdf [Stand: 17.3.2011].

[11] Broadman-Grimm, M. D., Karen: »Sex Q & A«. In: Seventeen, 5 (2005), S. 83.
[12] Grumman, Rachel: »Sex Ed.«. In: Seventeen, 10 (2005), S. 102.
[13] American Medical Association: »Teenage drinking key findings«, http://www.ama-assn.org/ama1/pub/upload/mm/388/keyfindings.pdf [Stand: 17.03.2011].

Kapitel 8

[1] »Generation Perfect«. In: Seventeen, 10 (2005), S. 149–150.

Teil 3: Einleitung

[1] »The Chart: Top Ten List«. In: Rolling Stone, 7.4.2005, S. 32.
[2] Ebd.

Kapitel 11

[1] Vine, W. E.: »An Expository Dictionary of New Testament Words«, Old Tappan, NJ: Fleming H. Revell, 1940.

Joyce Meyer

Joyce Meyer ist eine der weltweit bekanntesten Bibellehrerinnen. Als Bestsellerautorin hat sie mehr als 100 wegweisende Bücher geschrieben, unter anderem „Gib niemals auf", „Powergedanken" sowie „Das Schlachtfeld der Gedanken". Die meisten ihrer Bücher wurden in mehr als 140 Sprachen übersetzt. Darüber hinaus hat sie Tausende von Lehrvorträgen auf CD und DVD herausgegeben. Die Radio- und Fernsehprogramme *Enjoying Everyday Life (Das Leben genießen)* werden weltweit ausgestrahlt. Joyce und ihr Mann Dave haben vier erwachsene Kinder und leben in St. Louis, Missouri, USA.

Über Joyce Meyer Ministries (JMM)

Hand of Hope – der christliche Hilfsdienst von Joyce Meyer

Joyce und Dave Meyers zentrales Anliegen ist es, armen und verletzten Menschen in der ganzen Welt zu helfen. Es geht darum, nicht nur zu reden, sondern auch konkret zu handeln. Darum bringt Joyce Meyer Ministries (JMM) humanitäre Hilfe in verschiedene Krisenregionen der Welt. Dies geschieht mit neun internationalen Büros und in Zusammenarbeit mit über 35 weltweit tätigen Missionsgesellschaften.

Auf diese Weise werden über 29 Millionen Mahlzeiten pro Jahr in den Hungerregionen der Welt ausgegeben, 10 Waisenheime in armen Ländern unterhalten, Dörfer mit sauberem Trinkwasser versorgt und Tausende von Gefängnisinsassen unterstützt. Außerdem gründet und fördert JMM Gemeinden in Ländern, wo Christen unter Verfolgung leiden, bietet medizinische Hilfe und hilft alten wie jungen Menschen in den „Gettos" von Großstädten, wie mit dem Dream Center in St. Louis. Mehr Infos unter **joyce-meyer.de/hand**

TV und Radio

Die *Enjoying Everyday Life (Das Leben genießen)*-Sendungen in Radio und Fernsehen erreichen täglich Hunderttausende weltweit. Im September 1993 konnte das Programm wöchentlich auf zwei Kanälen empfangen werden. Heute wird *Enjoying Everyday Life* täglich und wöchentlich von über 1000 TV- und Radiosendern weltweit ausgestrahlt. Das Programm wird mittlerweile in 95 Sprachen übersetzt und kann sogar in der arabischen Welt empfangen werden.

Internet

Unter **joyce-meyer.de** können Sie die Sendung *Das Leben genießen* rund um die Uhr sehen. Außerdem erhalten Sie dort aktuelle Informationen, können Bücher, eBooks, DVDs und CDs bestellen, sich kostenfrei zur täglichen Andacht anmelden oder Kontakt zu uns aufnehmen.

Vorträge von Joyce Meyer in anderen Sprachen finden Sie unter **tv.joycemeyer.org**

Werden Sie Follower von Joyce Meyer auf Instagram! Lassen Sie sich täglich von ihr ermutigen und auf dem Laufenden halten: **instagram.com/joycemeyergermany**
Oder sehen Sie die TV-Sendungen online auf **youtube.com/joycemeyergermany**

Konferenzen

Konferenzen quer durch die USA sind nach wie vor Joyce Meyers Leidenschaft. Die Menschen kommen in Scharen und Joyce predigt das Wort Gottes und gibt praktische Lebenshilfe in der ihr eigenen direkten und humorvollen Art. Gleichzeitig werden diese Konferenzen für Fernsehsendungen aufgezeichnet.

Joyce Meyers persönliches Geschenk an Sie

Als Leser dieses Buches können Sie jetzt ein kostenloses Geschenk von Joyce Meyer erhalten. Einfach diesen Gutschein-Code [BK0619] mit Ihrer Anschrift versehen und an

Joyce Meyer Ministries Deutschland
Postfach 76 10 01
22060 Hamburg

Joyce Meyer Ministries Schweiz
Bernstrasse 133
3627 Heimberg

schicken oder ins Internet gehen unter **joyce-meyer.de/geschenk**
Dort Adresse und Gutschein-Code eingeben und abschicken.
Sie können uns auch gerne anrufen:

Zuschauer- und Bestellservice:
Deutschland: 040-88 88 4 11 11
Schweiz: 0848-88 00 11

Das Geschenk wird vierteljährlich verschickt. Wir bitten deshalb um etwas Geduld.

Weitere Bücher & DVDs von Joyce Meyer

Themenwelt: Gedanken und Worte lenken

Powergedanken
12 Strategien für einen Sieg auf dem Schlachtfeld der Gedanken
336 Seiten, Paperback, auch als **eBook** erhältlich
EUR 17,– | CHF 23.80
ISBN 978-3-939627-27-2
Werden Sie immer wieder von negativen Gedanken bedrängt und können diese nur schwer abschütteln? Lassen Sie nicht länger zu, dass Ihre Gedankenwelt zu einem geistigen Schrottplatz verkommt! In „Powergedanken" – dem Nachfolgeband zu „Das Schlachtfeld der Gedanken" – leitet Joyce Meyer Sie anhand biblischer Prinzipien an, neue Denkweisen zu entwickeln, die das Leben positiv beeinflussen.

Das Schlachtfeld der Gedanken
Gewinne die Schlacht in deinem Verstand
288 Seiten, Paperback, auch als **eBook** erhältlich
EUR 17,– | CHF 23.80
ISBN 978-3-939627-93-7
Ein wahrer Bestseller. Mit diesem Buch hat Joyce Meyer Millionen geholfen, ihre Gedankenwelt in göttliche Bahnen zu lenken. Gedanken von Sorgen, Furcht und Zweifel müssen nicht mehr ihr ungehindertes Spiel mit Ihnen treiben. Fangen Sie an, darüber nachzudenken, worüber Sie nachdenken, und erneuern Sie Ihr Denken mit dem Wort Gottes. Ihr Leben wird sich drastisch positiv verändern. Die Wahrheit macht frei.

Arbeitsbuch: Das Schlachtfeld der Gedanken
160 Seiten, Paperback
EUR 9,– | CHF 12.60
ISBN 978-3-939627-42-5
Sie sind es leid, sich mit Depression, Sorgen und Ängsten herumplagen zu müssen? Dieses Arbeitsbuch dient als hilfreiche Ergänzung zu dem Buch „Das Schlachtfeld der Gedanken". Lesen Sie Kapitel für Kapitel in „Das Schlachtfeld der Gedanken" und beantworten Sie anschließend die zugehörigen Fragen in diesem Arbeitsbuch. Wenden Sie dann die gelernten Prinzipien an – und Sie sind auf dem besten Weg, die Freiheit zu erleben, die Ihnen in Jesus zusteht.

DVD: Das Schlachtfeld der Gedanken
Ca. 70 Minuten
EUR 10,– | CHF 14.–
Art.-Nr. 446700740
Auf dieser DVD erklärt Joyce Meyer auf Grundlage der Bibel, wie Sie auf schnellstem Weg Ihre persönliche Wüste verlassen können. Lernen Sie die wichtigsten Strategien kennen, um das Leben, das Gott für Sie bereithält, auch tatsächlich zu genießen.

Als Zweier-Set
Buch + DVD
„Das Schlachtfeld der Gedanken"
Sparen Sie EUR 3,–
Buch, 288 Seiten, Paperback
DVD, ca. 70 Minuten
EUR 24,– | CHF 33.70
Art.-Nr. 446700742

Als Zweier-Set
Buch + Arbeitsbuch
„Das Schlachtfeld der Gedanken"
Sparen Sie EUR 3,–
Buch, 288 Seiten, Paperback
Arbeitsbuch, 160 Seiten, Paperback
EUR 23,– | CHF 32.30
Art.-Nr. 446700200

Als Dreier-Set: Buch, Arbeitsbuch + DVD
„Das Schlachtfeld der Gedanken"
Sparen Sie EUR 5,–
Buch, 288 Seiten; Arbeitsbuch, 160 Seiten, beides Paperback
DVD, ca. 70 Minuten
EUR 31,– | CHF 43.50
Art.-Nr. 446700741

Bestellservice: D: **040-888841111** CH: **0848 880011** oder unter **joyce-meyer.de/shop**

Themenwelt: Persönlichkeit stärken

Der Tag gehört dir
Gefühlskämpfe überwinden durch die Kraft des Wortes Gottes
288 Seiten, Paperback, auch als **eBook** erhältlich
EUR 13,90 | CHF 19.50
ISBN 978-3-945678-13-8
Sie haben nur ein Leben. Was tun Sie damit? Mit Gott an Ihrer Seite können Sie das Beste aus jedem Tag machen und das erreichen, was Gott für Sie vorbereitet hat. Joyce Meyer gibt Tipps für Ihre Zeit- und Lebensplanung und leitet Sie an, jeden Tag bewusst zu gestalten und mit Entschlossenheit die Ziele Gottes für Ihr Leben umzusetzen.

Gib niemals auf
Sei fest entschlossen, die Herausforderungen des Lebens zu meistern
304 Seiten, Paperback, auch als **eBook** erhältlich
EUR 13,– | CHF 18.30
ISBN 978-3-939627-23-4
Jeder hat schon einmal versagt oder ist an einer Sache gescheitert. Wichtig ist, in diesen Momenten nicht aufzugeben, sondern die eigenen Träume und Ziele mutig weiterzuverfolgen. In diesem Buch verbindet Joyce Meyer inspirierende und verblüffende Geschichten von unterschiedlichen Menschen mit ganz praktischer Lebenshilfe und Anleitung, wie Hindernisse überwunden werden können. Ein absoluter Mutmacher, der herausfordert, aufzustehen und sich nicht unterkriegen zu lassen!

Nur Mut!
Lebe leidenschaftlich und zielgerichtet
368 Seiten, Paperback, auch als **eBook** erhältlich
EUR 16,50 | CHF 23.–
ISBN 978-3-939627-25-8
Leidenschaft oder Langeweile – Sie haben die Wahl! Um jeden Morgen motiviert aufzustehen, ist es wichtig, Ziele zu haben und die von Gott gegebene Bestimmung für unser Leben zu erkennen. Gleichzeitig brauchen wir ein Herz voller Leidenschaft. In diesem Buch fordert Joyce Meyer Sie heraus, diese Dinge zu entwickeln und unproduktive Haltungen zu überwinden. Jedes Kapitel enthält außerdem praktische Tipps zur konkreten Umsetzung. Wagen Sie es!

Lass dich nicht entmutigen
128 Seiten, Hardcover
EUR 12,80 | CHF 18.–
ISBN 978-3-945678-01-5
Stress, Sorge, Unsicherheit, Niedergeschlagenheit – alles keine Fremdwörter für Sie? Lassen Sie sich von Joyce Meyer ermutigen, Trost, Sicherheit und Hilfe bei Gott zu suchen. Er hat eine Perspektive für Ihr Leben! Die kurzen Impulse und Bibelverse laden zum Nachdenken ein und machen Mut, von Gott alles zu erwarten.

Über den Gefühlen stehen
Wie Sie emotional nicht baden gehen
288 Seiten, Paperback, auch als **eBook** erhältlich
EUR 14,– | CHF 19.60
ISBN 978-3-939627-31-9
Gefühle können sehr stark sein und unsere Aufmerksamkeit fordern. Dennoch sollten wir uns nicht von ihnen kontrollieren lassen. Wer abwarten muss, wie ihm zumute ist, ehe er den Tag genießen kann, überlässt seinen Gefühlen die Herrschaft. Joyce Meyer beschreibt, welche Gefühlsskala Menschen durchlaufen. Sie verbindet die Weisheit der Bibel mit psychologischen Erkenntnissen und gibt dem Leser Werkzeuge an die Hand, auf produktive Weise mit den eigenen Emotionen umzugehen.

Themenheft: Sich selbst annehmen
112 Seiten, geheftet
EUR 3,30 | CHF 4.60
Art.-Nr. 446781023
Mögen Sie sich? Die Antwort auf diese Frage ist sehr wichtig, denn Ihre Einstellung zu sich selbst nimmt großen Einfluss darauf, ob Ihr Leben und Ihre Beziehungen gelingen. In diesem Themenheft gibt Joyce Meyer Ihnen Hilfestellung, wie Sie Gefühle der Unsicherheit, Angst und Unzulänglichkeit überwinden und erfolgreich Sie selbst werden können. Entdecken Sie Ihren wahren Wert als Person und stehen Sie sich nicht länger selbst im Weg. Ein erfülltes Leben, das Sie zuversichtlich anpacken dürfen, wartet auf Sie.

Bestellservice: D: **040-888841111** CH: **0848 880011** oder unter **joyce-meyer.de/shop**

Themenwelt: Gott begegnen

Die Bibel mit Impulsen von Joyce Meyer
Lesen. Glauben. Leben. (Neues Leben Übersetzung)
1.850 Seiten plus 16 Seiten farbiges Kartenmaterial
EUR 39,99 | CHF 61.60
ISBN 978-3-945678-22-0
Joyce Meyer erklärt in dieser besonderen Bibelausgabe Zusammenhänge, kommentiert einzelne Kapitel und Verse und erzählt, was sie ihr persönlich bedeuten. Tauchen Sie ein in Gottes Wort und lassen Sie sich davon ganz neu bewegen!

Gott täglich nah sein
Einblicke in die stillen Zeiten von Joyce Meyer
432 Seiten, Hardcover, auch als **eBook** erhältlich
EUR 16,90 | CHF 23.70
ISBN 978-3-945678-23-7
In diesem sehr persönlichen Andachtsbuch hat Joyce über einen Zeitraum von drei Jahren zusammengestellt, was Gott ihr persönlich ins Herz gesprochen hat. Es sind Impulse und Wahrheiten, die auch für Sie gelten! Lassen Sie sich davon inspirieren und erleben Sie, wie eine neue Nähe zu Gott Ihren Alltag prägen und verändern wird.

Dankbar durch den Tag
Tägliche Andachten für mehr Freude im Leben
386 Seiten, Hardcover, auch als **eBook** erhältlich
EUR 14,90 | CHF 20.90
ISBN 978-3-945678-05-3
Wer dankbar ist, geht leichter durchs Leben. Und es gibt so viel Grund, dankbar zu sein! Das neue Andachtsbuch von Joyce Meyer wird Ihnen den Blick dafür öffnen, all das Gute zu entdecken, das Gott für Sie tut. Üben Sie sich im Dankbarsein und Sie werden erleben, wie sich Ihre Perspektive und Ihre Haltung grundlegend ändern, wodurch Ihr Leben an Freude und Leichtigkeit gewinnt. Nehmen Sie dieses Buch täglich zur Hand, machen Sie Dankbarkeit zu Ihrer neuen Gewohnheit und lassen Sie sich von Gottes Liebe begeistern!

Gott hören – jeden Morgen
Tägliche Andachten
400 Seiten, Hardcover, auch als **eBook** erhältlich
EUR 15,– | CHF 21.–
ISBN 978-3-939627-29-6
Wir leben in einer Zeit, die von Hektik und Lärm geprägt ist. Jeden Tag reden viele unterschiedliche Stimmen auf uns ein. Sie lenken uns ab und können verhindern, dass wir auf die wichtigste Stimme hören – die Stimme Gottes. Lassen Sie sich durch dieses Andachtsbuch von Joyce Meyer anleiten, eine engere Beziehung zu Gott aufzubauen und Verhaltensweisen einzuüben, die dabei helfen, Gottes Stimme besser zu erkennen.

Gott vertrauen – Tag für Tag
365 Andachten
544 Seiten, Hardcover, auch als **eBook** erhältlich
EUR 19,50 | CHF 27.50
ISBN 978-3-939627-38-8
Heutzutage setzen viele Menschen ihr Vertrauen auf ihre Lebensumstände, ihren Erfolg, ihre Talente oder die Meinung anderer. Aber Gott bittet uns, ihm unser ganzes Vertrauen zu schenken und das umzusetzen, was in seinem Wort steht. Ein derartiger Lebensstil entwickelt sich allerdings nicht von selbst – wir müssen aktiv darauf hinarbeiten. Wir alle brauchen Hilfe, um gute Entscheidungen zu treffen, Sorgen und Furcht zu überwinden und eine positive Einstellung zu bewahren. Wie das gelingen kann, erklärt Joyce Meyer in diesem Andachtsbuch.

Der richtige Start in den Tag
Andachten für jeden Morgen
390 Seiten, Hardcover, auch als **eBook** erhältlich
EUR 10,– | CHF 14.–
ISBN 978-3-939627-02-9
Gottes Gnade ist jeden Morgen neu. Finden Sie es heraus. In kurzen, knackigen Andachten gibt Joyce Meyer einen Gedankenanstoß pro Tag mit einem passenden Bibelvers und seiner praktischen Umsetzung im Alltag. Herausfordernd, humorvoll, anregend.

Bestellservice: D: **040-888841111** CH: **0848 880011** oder unter **joyce-meyer.de/shop**

Themenwelt: Gott begegnen

Aufbruch in ein neues Leben
Die Rundumerneuerung für Körper, Geist und Seele
304 Seiten, Paperback, auch als **eBook** erhältlich
EUR 14,– | CHF 19.60
ISBN 978-3-939627-24-1
Das Leben kann sich zu einem eintönigen Dasein entwickeln. Wo der Alltag nur noch von negativen Gedanken und Verhaltensmustern bestimmt wird, ist es Zeit für einen Neuanfang. Joyce Meyer erklärt in diesem Buch, welche Entscheidungen zu den ersehnten Veränderungen führen. Gleichzeitig beleuchtet sie die Zusammenhänge zwischen Körper, Geist und Seele eines Menschen. Ihre praxisorientierten Tipps ermutigen in kurzen Kapiteln dazu, konkrete Schritte in diesen drei Bereichen zu unternehmen, um eine neue Lebensqualität zu erreichen und einen tragfähigen Glauben hervorzubringen.

Die Kraft einfachen Gebets
Wie man mit Gott über alles reden kann
320 Seiten, Paperback, auch als **eBook** erhältlich
EUR 16,– | CHF 22.50
ISBN 978-3-939627-26-5
Oft sehen wir das Gebet als ein Mittel zum Zweck. Wir beten, weil wir bestimmte Wünsche an Gott haben oder seine Hilfe bei der Lösung von Problemen benötigen. Doch mit Gott reden bedeutet mehr. In diesem Buch leitet Joyce Meyer Sie zu einem tieferen und interaktiveren Gebetsleben an, das von Ehrlichkeit und Natürlichkeit geprägt ist und dazu noch Spaß macht.

Ein völlig neues Leben
Erste Schritte zum Glauben
80 Seiten, Paperback, auch als **eBook** erhältlich
EUR 5,– | CHF 7.–
ISBN 978-3-939627-13-5
Das Leben ist voller Entscheidungen. Aber es gibt eine Entscheidung, die wichtiger ist als alle anderen. Ob Sie Jesus Christus als Herrn annehmen oder nicht, ist die Entscheidung, von der alles andere im Leben abhängt, einschließlich der Frage, wo Sie die Ewigkeit verbringen werden. Dieses Buch ist besonders hilfreich für Menschen, die den Glauben erst seit Kurzem entdeckt haben. Auch gut zum Verschenken geeignet.

Wie man Gottes Reden hört
Erkennen Sie Gottes Stimme und entscheiden Sie richtig
280 Seiten, Paperback, auch als **eBook** erhältlich
EUR 12,– | CHF 16.80
ISBN 978-3-945678-00-8
Gott möchte Sie bei allem, was Sie tun, leiten: ob bei schwerwiegenden Fragen des Lebens oder bei kleinen Herausforderungen des Alltags. Er will Sie auch seine Absichten für Ihr Leben wissen lassen. Lebensnah erklärt Joyce Meyer, welche Wege Gott wählt, um zu Ihnen zu sprechen. Gott redet gerne mit Ihnen. Und wenn Sie zuhören, werden Sie ihn hören.

Sag ihnen, dass ich sie liebe
Entdecken Sie Gottes Liebe für sich
80 Seiten, Paperback, auch als **eBook** erhältlich
EUR 5,– | CHF 7.–
ISBN 978-3-945678-25-1
Jedes Quäntchen von Gottes Kraft und Liebe ist verfügbar für Sie – heute! Und Sie sind nicht nur eine Person von vielen. Gott liebt Sie, als wären Sie der einzige Mensch auf dieser Erde. Das Problem ist, dass Sie es – wie die meisten Menschen – vielleicht nicht verstehen oder, wenn Sie es vom Verstand her wissen, es vielleicht nicht mit Ihrem Herzen fühlen. Dieses Buch soll Ihnen helfen, Gottes Liebe in Ihnen zu erkennen und sich von ihr verändern zu lassen.

Neu: „Stark und mutig"-Aufstellbuch
Unsere „Stark und mutig"-Produkte – zum Verschenken oder Sich-selbst-Beschenken!
Abwechselnd 26 Bibelzitate & 26 Impulse von Joyce
Insgesamt 52 Seiten | Art.-Nr. 446781032
EUR 12,– | CHF 16.80

Neu: „Stark und mutig"-Postkarten-Set
18 verschiedene Postkartenmotive
Art.-Nr. 446781033
EUR 10,– | CHF 14.–

Bestellservice: D: **040-888841111** CH: **0848 880011** oder unter **joyce-meyer.de/shop**

Die Joyce Meyer Themenhefte

EUR 3,30 | CHF 4.60

Sich selbst annehmen
112 Seiten, geheftet
Art.-Nr. 446781023

Gnade – Gott ist für dich
100 Seiten, geheftet
Art.-Nr. 446781021

Wege aus Mobbing und Ablehnung
88 Seiten, geheftet
Art.-Nr. 446781022

Erlebte Heilung
48 Seiten, geheftet
Art.-Nr. 446781007

Lerne Gott zu vertrauen
56 Seiten, geheftet
Artikel-Nr. 446781011

Erfüllt mit dem Heiligen Geist
64 Seiten, geheftet
Art.-Nr. 446781005

Geordnete Finanzen
40 Seiten, geheftet
Artikel-Nr. 446781014

Set: alle 7 Themenhefte
Art.-Nr. 446781024
EUR 19,80 | CHF 27.70

Wir schenken Ihnen Impulse für Ihr Leben mit Gott.

Möchten Sie in Ihrem Leben mit Gott vorankommen? Wir unterstützen Sie darin und schenken Ihnen wertvolle Impulse von Joyce Meyer.
Lassen Sie sich inspirieren!

Bestellen Sie kostenlos:

Das Joyce Meyer Magazin
„Das Leben genießen"

- Lebensnah
- Humorvoll
- Per Post

joyce-meyer.de/magazin oder
per Telefon 040-88 88 4 11 11

Gestärkt in den Tag:
Die tägliche Andacht

- Mut machend
- Erfrischend
- Per E-Mail

Melden Sie sich kostenlos an unter:
joyce-meyer.de/andacht

Schreiben Sie uns!

Was hat Ihnen dieses Buch konkret gebracht? Haben Sie Anregungen? Möchten Sie Joyce Meyer Ministries etwas mitteilen? Dann schreiben Sie uns.

Joyce Meyer Ministries
Postfach 76 10 01
22060 Hamburg

Joyce Meyer Ministries Schweiz
Bernstrasse 133
3627 Heimberg

Zuschauer- und Bestellservice:
Deutschland: 040-88 88 4 11 11
Schweiz: 0848-88 00 11

Weitere Bücher und DVDs unter **joyce-meyer.de/shop**